LES TOURELLES.

II

PARIS. — Imprimerie de Vᵉ DONDEY-DUPRÉ, rue Saint-Louis, 46, au Marais.

LES
TOURELLES

HISTOIRE DES CHATEAUX DE FRANCE,

PAR

M. LÉON GOZLAN.

II

PARIS.

Dumont, Libraire-Editeur,

PALAIS-ROYAL, 88, AU SALON LITTÉRAIRE.

1839

VAUX.

VAUX.

I

Nicolas Fouquet, dernier surintendant des finances, voulut donner dans son château de Vaux une fête à Louis XIV.

Le projet eut l'agrément du roi.

La fête fut fixée au 17 août 1661.

Six mille invitations furent envoyées. Il y en eut pour l'Italie, pour l'Espagne et pour l'Angleterre. On vit à Vaux des représentans de ces trois contrées et les ambassadeurs de tous les peuples. Un roi et une reine s'y trouvèrent.

Au nombre des invités étaient Gourville et le maréchal de Clairembault.

La route de Paris à Vaux était longue, chaude par le mois d'août où l'on était; ils s'arrangèrent pour la faire de compagnie. Ils partirent de grand matin dans une calèche massive, qui rachetait ce défaut d'élégance par une solidité dont le premier avantage était d'asseoir le corps dans un repos parfait. Gourville n'était pas pressé d'arriver; le maréchal, qui était un peu gros, n'avait garde de se plaindre de la lenteur de l'équipage. En ce temps-là, l'activité de feu qui nous fait aujourd'hui dévorer l'espace était inconnue. A quoi eût-elle servi? on ne devenait pas noble en courant. D'ailleurs bien empêché eût été celui qui aurait prétendu aller vite et sans accident sur les grands chemins, même sans exception de ceux qui ont encore conservé le nom de routes royales.

Arrivés à la barrière de Fontainebleau, les deux amis, malgré l'équilibre de leur ame, n'envisagèrent pas sans effroi le long ruban de chemin qu'ils avaient à parcourir, et qui s'étendait devant eux, blanc de soleil et de poussière, jusqu'à Villejuif.

— Où donc nous rafraîchirons-nous, Gourville?

— J'allais vous le demander, maréchal.

— Parbleu, à Ris, Gourville, à votre ferme.

— Merci de la grâce, maréchal; mais d'ici là?

— D'ici là ?... Vous avez donc bien bon appétit ? Il est si matin !

— Ce n'est pas l'appétit.....

— Si c'est encore la soif, Gourville, nous boi-
rons le coup de l'étrier à chaque relais, me propo-
sant, mon hôte, de vous faire servir du meilleur à
Beauvoir, à ma ferme aussi.

Gourville, qui n'avait pas été compris, se tut.

Une heure après, par le travers de Bicêtre, Clairembault abaissa les stores et conseilla à Gourville
d'en faire autant de son côté. Un balancement
doux, presque nul, le petit cri du sable broyé
sous les roues, l'odeur de la campagne, le bourdonnement des moucherons d'été autour de la
peinture de la calèche, le jour vert et rose filtré
par la soie des rideaux, invitaient les voyageurs au
sommeil.

— Allez-vous dormir, Gourville ?

— Si vous ne causez pas, maréchal...

— Vous auriez tort, Gourville. Plus tard vous
trouveriez le vin amer. Par cette chaleur, le sommeil épaissit la langue : n'y aurait-il pas mieux ?

Et le maréchal fit le geste d'arrondir son bras
vers les basques de son habit. A peine le ramenait-
t-il avec une certaine circonspection à son attitude
naturelle, que Gourville, par instinct, plus que par
imitation, achevait d'accomplir le même mouve-

ment. Quatre mains se rencontrèrent, cachant par paire un objet de mince volume.

C'étaient deux jeux de cartes.

— Vive vous ! Gourville, vous êtes homme de fine prévoyance.

— A merveille, maréchal, et voyons si vous me battrez comme vous avez battu les Allemands.

Enlevé à la banquette, un coussin de velours s'appuya sur nos voyageurs, qui, illuminés de cette joie discrète et communicative qu'auraient deux amans à se rencontrer dans un même aveu et à se presser les genoux, joignirent les leurs et se regardèrent comme sauvés des ennuis de Paris à Vaux.

— Un instant ! Gourville, pardon. Battez les cartes en attendant.

— Faites, maréchal.

Clairembault souleva le store et cria : — Cocher ! aussi lentement que vous pourrez.

— Monseigneur, plus lentement, c'est impossible. Les chevaux dorment, s'ils ne sont morts.

— C'est bien, La Brie, toujours ainsi.

Le chemin ne fut plus troublé par aucun bruit de roues, les voyageurs par aucune secousse. Le sifflement des cartes qui effleuraient le velours du coussin fut seul sensible. En entrant dans Villejuif, Gourville avait déjà perdu cinq cents belles pistoles.

Tandis qu'on relayait, lui et son adversaire eurent le temps d'aller saluer une dame d'Humières retirée dans un château des environs. Ils étaient de retour que les chevaux étaient à peine attelés.

De nouveau en route, le maréchal, trop homme du monde, ou plutôt de cour, pour profiter brutalement de la victoire, proposa la revanche à Gourville. Gourville accepte. Les cartes sont étalées. Il est inutile de constater l'imperturbable lenteur des chevaux, bien qu'ils fussent tout frais sortis des écuries, et que la route de Villejuif à la Cour-de-France soit unie comme l'eau.

Gourville n'est pas en veine : il perd cinq cents autres pistoles, puis mille, puis deux mille, enfin tout ce que Gourville a sur lui en or et en billets. La perte passe cinq mille.

— Vous êtes un galant homme, Gourville, et qui valez mieux que le sort. Je vous joue sur parole ce qu'il vous plaira. Parlez.

— Non pas sur parole, maréchal; le surintendant a toujours vent des enjeux, et il a la magnifique générosité de les tenir quand nous sommes décavés; ce qui est d'une grande ame, je l'avoue. Mais je serais désolé, cette fois, d'avoir recours à lui pour garantir ma dette. Va, si vous le voulez, pour ma ferme de Ris, située près du village de ce nom, et où j'ai déjà eu l'honneur de vous inviter à rafraîchir notre second relais. Je vous joue, maréchal, ma ferme de Ris.

— Gourville, ce sera contre vingt mille pistoles, qu'elle vaille plus ou moins. Mais en trois coups.

— Soit, maréchal. A vous les cartes.

Après quelques avantages insignifians, Gourville vit sa jolie terre de Ris, moulins, eaux, pâturages, fours, métairies, passer à Clairembault. Ce revers de fortune écrasait Gourville au moment même où la calèche s'arrêtait à la grille de sa propriété perdue. Jamais elle ne lui avait paru si belle. Il fit pourtant bonne mine. Sans mauvaise humeur, sans colère, il sonna son intendant, ses gardes-chasse et ses métayers, et leur dit à tous : « Désormais, monseigneur le maréchal de Clairembault, que voilà, sera votre maître. D'aujourd'hui il a tous droits sur vous et sur cette ferme ; saluez-le, et prêtez serment en ses mains ! » La cérémonie fut courte et arrosée d'une bouteille du plus vieux. Habitué à ces émotions du jeu, à ces fortunes gagnées ou perdues en un instant, sur une carte ou sur un dé, Gourville n'était pas plus affecté que Clairembault n'était orgueilleux.

Les voilà à la Cour-de-France et se dirigeant vers le village de Ris, descendant cette montagne que Louis XIV n'eut pas le temps d'aplanir, gloire pacifique qu'il laissa à son arrière-petit-fils. Le voyageur fatigué boit dans le creux de la main une eau pure, et bénit Louis XV. Le précipice n'est plus qu'un berceau.

— Foin de ces cartes qui vous ont trahi, mon bon Gourville! Imitez-moi, plongeons-les dans cet abîme

Et tous deux, d'un commun enthousiasme, lancèrent les cartes du haut de la montagne dans les cavités béantes à leur côté; héroïsme de joueur! Il est probable qu'ils en avaient chacun un jeu de rechange dans la poche.

Pour ne pas trop attrister son ami, Clairembault s'efforça de changer la conversation. Il lui parla de la fête que le surintendant allait donner à Louis XIV, de la grandeur de celui-ci, de la magnificence de celui-là, de la beauté des dames qui figureraient dans les quadrilles; puis il le ramena, de peur de toucher au jeu, dans cette énumération de plaisirs, à ses souvenirs de famille, à son beau-père, gouverneur en province, à ses enfans.

—Par Dieu! et votre femme, où est-elle en ce moment, Gourville?

—En Beauce, maréchal, et avant l'hiver, si le surintendant me l'accorde, j'irai lui rendre mes hommages d'époux.

— Ah ! elle est en Beauce ! et chez qui, Gourville ?

— Mais chez moi, dans l'une de mes terres ; superbe propriété, maréchal ! Et que n'est-elle sur cette route, je vous aurais montré que le malheur peut me terrasser, mais non me faire crier merci ! Oui, que cette propriété n'est-elle ici, je serais encore votre homme, Clairembault !

Adieu les précautions du maréchal, sa prudence à donner un autre cours aux idées ; et ces maudits chevaux qui n'arrivaient pas, qui auraient donné le temps de jouer toute la chrétienté sur le tapis ou sur le coussin !

— M'auriez-vous mal compris ? répliqua le maréchal. J'en serais désolé, mon ami. J'ai jeté les cartes dans les ravins, non parce que je n'avais pas l'intention de vous offrir la revanche, et que vous n'aviez plus d'argent sur vous ni de propriété sur la route ; seulement, Gourville, croyez-moi, parce que l'ingrate fortune vous assassinait sans pitié, et me faisait honte de mon bonheur !

Un rayon de joie éclaira le visage de Gourville. Joueur délicat, il savait bien que toute revanche a une fin ; mais, joueur acharné, il désirait l'éloigner le plus possible.

— Çà, Gourville ! marquez-moi votre désir : voulez-vous que, d'ici à mon château de Beauvoir,

je vous tienne encore tête ? C'est une lieue de bon.
Voyons, les cinq mille pistoles, la ferme de Ris
que je vous ai gagnée, et, en plus, mon château de
Beauvoir, contre votre propriété en Beauce !

Gourville embrassa le maréchal.

— Et ! oui, Clairembault ! s'écria-t-il, et nargue
du malheur ! Mais des cartes ?

— Mais des cartes ! répéta le maréchal.

Là-dessus ils renouvelèrent le geste qui avait si
heureusement, la première fois, amené des cartes,
et leurs poignets, se rencontrant encore, heur-
tèrent deux cornets où sonnaient trois dés.

— Au passe-dix !

— Au passe-dix ! maréchal.

Et tandis que les chevaux arrivaient à peine devant les marroniers de Petit-Bourg, nos deux
joueurs, s'échauffant, lançaient les dés et leur ame
à qui mieux mieux.

Après quelques minutes :

— Mille excuses, Gourville !

— Mais comment donc, maréchal ?

— Cocher ! cocher !

— Monseigneur !

— On vous a recommandé, La Brie, d'aller le
plus lentement possible.

— Monseigneur, depuis dix minutes nous sommes arrêtés.

— C'est très-bien ainsi.

On était à Beauvoir.

Gourville fut vainqueur : la chance avait tourné; on eût dit les dés pipés, tant ils ramenaient invariablement les plus beaux-points contre Clairembault, qui perdit et les cinq mille pistoles, et la ferme de Ris, et son château de Beauvoir, tout enfin, excepté son sang-froid.

Je vous invite, Gourville, s'écria-t-il, à vous arrêter à mon château de Beauvoir. A vous, mon maître, d'en faire les honneurs! Il vous appartient, comme au roi la couronne, et vous allez voir si je le résigne avec dignité.

Ils mirent pied à terre.

A Beauvoir se reproduisit la scène de donation de Ris; mais Clairembault mit une gaieté, un faste, une solennité singulière à faire reconnaître par ses gens, qui cessaient d'être à lui, Gourville devenu acquéreur de son château depuis une heure. Après le déjeuner, qui fut excellent, les vassaux et les vavassaux le proclamèrent, sur le perron, selon la coutume de l'Ile-de-France, seigneur de Beauvoir et terres y adjacentes. Il fut très-digne, quoique un peu chancelant du dessert. C'était excusable; sa position l'entraînait : il avait, pour les reconnaître, goûté tous les vins.

Quand lui et Clairembault remontèrent en ca-

lèche, les paysans et vassaux crièrent jusqu'à mi-
côte : Vive monseigneur de Gourville, notre seigneur de Beauvoir !

— Coup du sort ! dit Gourville ; vous étiez, il y
a une heure, seigneur de Beauvoir, je le suis à
présent ; à deux fois vous m'avez gagné et fourni
la revanche ; je ne vous en ai gagné qu'une : c'est
une revanche qui vous revient, maréchal. Sur mon
épée de gentilhomme et ma seigneurie nouvelle de
Beauvoir, elle vous sera octroyée selon votre bon
plaisir.

— Laissons cela, Gourville.

— Maréchal, je deviendrais plutôt votre vassal,
si vous n'acceptiez.

— Bien ! — mais plus que celle-ci.

— Oui ! maréchal, mais décisive. Que jouons-
nous ? Parlez.

— Beauvoir contre Mennecy, contre ma pêcherie de ce nom, dont Villeroi est suzerain. Vous
avez le château de Beauvoir, ayez la pêcherie de
Mennecy : c'est le médaillon au collier. Encore au
passe-dix ; vous plaît-il ?

Malheureusement la route commençait à se couvrir d'équipages qui se rendaient à la fête de Vaux ;
et lorsqu'ils s'approchaient de la portière de la voiture à Clairembault, le coussin était furtivement
poussé sur la banquette, les dés tombaient dans

les cornets, les cornets dans les poches ; — interruptions qui prolongèrent la partie jusqu'à Melun.

Clairembault la gagna ; Beauvoir lui revint, il ne perdit pas la pêcherie de Mennecy : il n'y eut rien de fait ; les seigneuries retournèrent à leurs seigneurs. On avait joué sur le velours pendant douze ou treize heures.

Sur le pont de Melun, la scène de la Cour-de-France eut son pendant : les deux amis, en s'embrassant, précipitèrent les cornets dans la rivière. Gourville, en les voyant flotter, leur adressa une allocution touchante. Sublime expiation ! Ils avaient jeté les cartes dans un fossé, les cornets dans la Seine !

Le soir, au château de Fouquet, ils firent la roulette à mille pistoles par tour.

II

Dans la première cour, appelée la cour des Bornes, vaste carré enchâssé entre la grille du château, les fossés et deux rangées de bornes, avaient été dressées des tentes de coutil, portant

entrelacés les chiffres et les armes des gentilshommes invités à la fête. Elles longeaient sur un
rang les corps-de-logis extérieurs parallèles à l'allée des Bornes; aux quatre extrémités s'élevaient la
tente du roi et celles de la reine-mère, de Monsieur
et de Madame Henriette d'Angleterre. Ces tentes
étaient des boutiques pleines d'objets de luxe.

Il va sans dire qu'on n'achetait pas dans ces boutiques ! Une vente eût été un spectacle peu digne ;
les objets qu'elles étalaient n'étaient pas non plus
livrés sans autre forme aux passans : c'eût été une
magnificence sans esprit. Fouquet était incapable
de ces deux inconvenances. Ces boutiques étaient
des loteries où l'on gagnait toujours, où la mise
était la bonne grâce. Chaque coup du sort amenait
un cadeau de goût différent ; la fortune des joueurs
n'avait à vaincre que le hasard des lots. Tel qui
désirait un beau fusil n'emportait parfois qu'un
peigne d'écaille ou une mule de douairière. On
riait alors d'un bout de la cour des Bornes à l'autre : c'était le plus clair bénéfice du marchand.

Par une précieuse attention de Fouquet, bi-
joux, bagues, colliers, nœuds d'épée, médaillons,
boucles d'oreilles, reproduisaient à l'infini les
traits du roi sous des emblèmes de la fable,
flatterie inépuisable du temps. Louis XIV était représenté dans le chaton des bagues, en Vertumne,

en Jupiter, en Apollon, en Hercule surtout; l'é-
mail renfermait le portrait; des perles ou des ru-
bis-balais en formaient l'allégorie. Les camées por-
taient des devises imaginées par Benserade, resté
sans rivaux en ces sortes de poésies mercantiles.
Quel raffinement de délicatesse et de luxe! Un
diamant de cinquante pistoles pour un sourire,
pour un remerciement à fleur de lèvres. Fouquet,
en enrichissant ainsi de ces frivolités, plus durables qu'on ne pense, la toilette des femmes, ses
contemporaines, créait un ordre de galanterie
destiné à perpétuer le souvenir de cette journée. On
dirait dans des siècles, en montrant ces bagatelles
brillantes serrées dans les archives de famille : « Mon
aïeule était à la fête du surintendant, à Vaux-le-
Vicomte! »

On imaginera sans peine ce que coûtèrent à
Fouquet ces loteries, pour peu qu'on songe à ces
lingots d'or ciselés dans les meilleurs ateliers de
Paris, à l'achat de costumes venus d'Orient entassés
dans d'autres boutiques. On le sait, pendant plus
de deux siècles, les tisserands d'Alep ont vêtu nos
marquis et nos duchesses. On eût cru voir à Vaux
un marché d'Ispahan. La loterie des costumes était
la plus courue. Un bon numéro décrochait un
pourpoint de satin, un gilet de brocard. Le nord
avait été mis aussi à contribution. Madame de Sé-

vigné gagna un manchon. Un manchon au mois d'août! Elle l'envoya sur-le-champ à Ninon, qui était très-frileuse, et qui, pour plus d'une raison, n'était pas à la fête. Celle-ci le donna peut-être à la femme de Scarron.

Gourville, qui avait juré de ne plus jouer, gagna un cheval arabe, un des plus beaux lots, celui qui fut le plus envié.

— Qu'en feras-tu, lui demanda le surintendant en lui frappant sur l'épaule, toi qui montes à cheval comme tu danses?

— Monseigneur, il sera pour vous toute la soirée, sellé et bridé, au bout du parc, à la porte de Provins. On fait trente lieues en dix heures avec un tel cheval. Trente lieues! c'est la mer; la mer, c'est l'Angleterre! — Silence! Gourville,

Les jeux continuaient, lorsque les batteurs d'estrades, placés de distance en distance sur la route, annoncèrent les équipages de la cour.

A cette nouvelle, le château se remplit de bruit; on reflua vers la grille : le roi arrivait.

Accompagné de sa femme, suivi de ses domestiques, Fouquet, revêtu d'un magnifique habit de velours rouge, et portant un plat d'argent dans lequel étaient les clefs du château, alla attendre le roi à la grille d'entrée.

Il arrivait de Fontainebleau. « Le roi, dit le lendemain la *Gazette de France; du 18 août*, avait avec lui, dans sa calèche, Monsieur, la comtesse d'Armagnac, la duchesse de Valentinois et la comtesse de Guiche. Suivait la reine-mère, accompagnée dans son carrosse de plusieurs dames. Madame venait en litière.»

Fouquet plia le genou en exhaussant au-dessus de sa tête les clefs du château, que Louis XIV fit semblant de toucher, et lorsque le surintendant se fut relevé, il dit au roi, son maître, que tout, où il était, lui appartenait non seulement par le droit de la couronne, mais encore par la grâce infinie qu'il mettait à visiter un de ses sujets fidèles.

Avec l'abondance de paroles heureuses dont il était doué, le roi répondit au compliment de son surintendant, tandis qu'à deux pas plus loin la reine-mère donnait sa main à baiser à madame Fouquet.

Les cris de *vive le roi! vive la reine!* retentissaient.

Six chevaux bai-pâles, dociles et fougueux, coiffés de plumes blanches, harnachés en rose, liés l'un à l'autre par des rubans lâches de la même couleur, passèrent la grille, toute semée de visages de paysans émerveillés de ce spectacle. La calèche du roi était à panneaux à images, représentant d'un côté Persée et Andromède, de l'autre, des scènes de bergerie.

En traversant la cour, Louis XIV causait affectueusement avec son frère; Anne d'Autriche, au contraire, se tenait sur la réserve avec sa bru, Madame.

Tout-à-coup des pas redoublés de chevaux résonnèrent : ils étaient si multipliés et si bruyans que la foule rassemblée dans la cour des Bornes cessa ses acclamations et se précipita vers la grille.

La calèche du roi se trouva isolée; Fouquet fut interdit.

C'était une compagnie entière de mousquetaires gris, appareil militaire assez inusité au milieu d'une cérémonie pacifique, qui avait escorté les voitures de la cour depuis Fontainebleau jusqu'à Vaux, et qui se présentait pour entrer.

Peu préparé à cette surprise hostile, le surintendant éprouva une anxiété dont il s'efforça de cacher les marques sous une indifférence affectée.

Le commandant des mousquetaires avait déjà franchi la grille et caracolait dans la cour des Bornes, broyant sans pitié le gazon et les pierres.

Louis XIV se leva dans sa calèche, et se tournant vers cet officier, il lui dit d'une voix brève et émue :

« Sortez, monsieur d'Artagnan; vous n'êtes pas

» chez moi ici. On vous a commandé pour honorer
» notre royale personne, et non pour la garder là
» où elle n'a aucun danger à courir. Ce zèle est of-
» fensant pour notre hôte. Vous et vos mousque-
» taires, placez-vous à distance, attendant l'heure
» où il nous plaira de partir. »

Se tournant vers Fouquet :

« Monsieur, je vous demande pardon pour mes
» mousquetaires ; ils n'ont pas appris de notre roi
» chevalier que chez Dieu, sa femme et son ami on
» n'entre jamais armé. »

Les mousquetaires se rangèrent de front sur
trois rangs, à l'extérieur du château, devant la
grille aux cariatides, à cette même place où l'on
veut que Fouquet, sur un simple désir de Louis XIV,
ait fait planter, dans l'espace d'une nuit, ce qui est
démontré impossible, une double allée d'ormes.

Je ne crois pas à cette tradition d'arbres plantés
dans une nuit, parce que je l'ai retrouvée dans tous
les châteaux, et parce que Louis XIV, hors de chez
lui, n'a jamais couché que dans un seul château,
à celui des Condé, à Chantilly ; mais je crois beaucoup aux allées d'ormes arrachés dans une nuit ou
dans plusieurs. Je suis arrivé juste assez à temps
un siècle et demi après la fête que je raconte ici,
pour voir l'avenue séculaire du château de Vaux
couchée par terre, sciée en trois traits, destinée à

être vendue à la voie, ce qu'on n'eût pas vu sous Fouquet, l'eût-il ou non plantée dans une nuit.

En entrant au château, le roi fut frappé des proportions du corridor, pavé bleu et blanc en marbre, et des dix colonnes dont il est orné. Comme tous les grands rois, — comme Salomon, comme Auguste, comme Napoléon après eux tous, — Louis XIV avait l'équerre dans l'œil : il demanda le nom de l'architecte ; on lui répondit que c'était Le Vau ; il prit note et passa :

— La fortune de Le Vau était faite.

Le roi fut invité à se reposer dans une première pièce de droite, celle qu'on désigne aujourd'hui aux visiteurs sous le nom de salle de Billard. Les ciselures des portes, les mille arabesques rampant autour des murs et enserrant cette salle comme une crépine, surprirent moins Louis XIV, dont l'envie commençait à bouillonner, lui encore sans monument datant de son règne, que le plafond même de l'appartement, apothéose d'Hercule, vaste tableau de la plus chaude couleur. C'est mieux que de la peinture historique : c'est de la peinture olympique et bien placée au plafond, — près du ciel.

Louis XIV se leva et admira long-temps en silence.

Il était découvert.

Fouquet s'avança pour le débarrasser de son chapeau.

— Laissez, monsieur, je vous prie ; — c'est par respect. — Vous appelez ce peintre?...

— Lebrun, sire.

— Singulière ignorance, celle où je vis, dit à voix basse le roi à sa mère en l'entraînant d'un autre côté. Cet homme emploie à ses bâtimens les premiers artistes de la France, et je ne sais pas même leurs noms.

On ne m'a pas trompé, vous le voyez, madame, il ne songe qu'à lui. Calculez l'or qu'il a dépensé à cette salle seulement. M. Colbert a raison : M. Fouquet dilapide, M. Fouquet épuise le trésor, M. Fouquet est la ruine de l'état, et M. Colbert...

— Monsieur mon fils, M. Colbert veut être ministre.

Louis se tut.

Il sourit finement en remarquant à tous les panneaux de volets et de portes, au fond des plaques du foyer, sur les marbres des cheminées, où rien depuis n'a été effacé, reproduit avec une affectation de parvenu, ce que n'était pas du reste le surintendant, son triple chiffre N. F. S. « Nicolas Fouquet, surintendant, » entrelacé et percé d'une flèche.

—Ne trouvez-vous pas, dit-il encore à sa mère, que dans ce chiffre il y a du luxe comme en tout ce qui appartient à M. Fouquet ? Trois lettres figurent d'ailleurs très-mal entrelacées. Sans dommage, la dernière pourrait être supprimée.

— Vous vous contenez mal , monsieur mon fils, et j'ai peine à vous voir ainsi dépité contre des puérilités dont vous souffririez moins, si, comme moi, vous eussiez été obligé d'admirer le Palais-Cardinal, plus beau que notre Louvre et riche de ses dépouilles. Je ne fis alors aucune remarque, je ne fis effacer aucun chiffre. Pourtant le Palais-Cardinal est à nous.

— Je tâcherai, ma mère, d'imiter votre sang-froid , sans en espérer le même prix.

Fouquet s'était retiré avec la foule des courtisans, et avait laissé au roi la liberté de parcourir, suivi seulement de sa mère et de sa belle-sœur, madame Henriette, les autres pièces, toutes ouvrant l'une dans l'autre.

Le roi, poussé par la curiosité , pénétra dans la seconde : elle s'appelle le Salon. Au lieu d'y rencontrer quelque objet qui choquât son goût afin d'apaiser sa jalousie , il arrêta ses regards sur des tapisseries d'Aubusson du plus rare travail pour l'époque : peintures à l'aiguille dont le dessin est de Lebrun. Il voulut détourner la vue de ces chefs-d'œuvre disproportionnés, même pour la fortune d'un souverain ; mais elle glissa sur des meubles de laque, fantastiques frivolités vendues littéralement au poids de l'or. Le sofa où il s'agitait surpassait tout ce que Fontainebleau avait à comparer en ce genre d'ameublement. Il est tel quel aujourd'hui : de satin blanc brodé en bosse de chenille verte. C'est, pour le temps, la miniature et le burin appliqués à la broderie.

Le roi leva des yeux pleins d'ironie au plafond.

— Qu'est-ce donc, demanda-t-il, que cet écureuil que je vois partout à la poursuite d'une couleuvre? Cet emblème me fatigue : en sauriez-vous le sens?

— L'écureuil...

— Je le sais, ma mère; c'est l'arme parlante de M. Fouquet; mais la couleuvre?

— La couleuvre, monsieur mon fils, on prétend que c'est l'arme parlante de M. Colbert.

— Ah! vraiment. L'écureuil et la couleuvre, M. Fouquet et M. Colbert. Gentil écureuil à tête folle : c'est ingénieux, mais c'est peu naturel. Au fond, les allégories sont comme les songes : souvent le contre-pied les explique. Avez-vous les yeux bons, ma sœur Henriette?

— Pour vous servir, sire.

— Lisez-moi donc ces lettres noires et brisées dans cette bande que je crois une devise, autour d'Apollon chassant les monstres de la terre.

— C'est du latin, sire.

— Eh bien ! voyons si vous savez le traduire, ainsi qu'on l'assure.

— *Quò non ascendam ?* où ne monterai-je pas ?

— Parfaitement, docte Henriette. L'écureuil dit cela à la couleuvre, mais c'est une fable. Et ici, à cet autre angle, que lit-on ?

— Une modification légère de la même devise : *Quò non ascendet ?* où ne montera-t-il pas ? Le futur est à la troisième personne au lieu d'être à la première.

— Et si nous cherchions bien encore, ma sœur, ne croyez-vous pas que nous trouverions une seconde personne qui dirait : *Tu ne monteras pas !*

Le duc de Saint-Aignan entra sur ces propos, et fut vivement poussé par le roi dans une petite pièce à côté. La reine-mère et madame Henriette restèrent seules et ne se parlèrent pas.

Ces deux princesses s'observaient depuis quelques mois. Anne d'Autriche avait remarqué, ce qui du reste n'était échappé à aucune pénétration de courtisan, que Madame et le roi se partageaient une affection où Monsieur avait beaucoup à souffrir pour sa dignité de mari. Quoique vive, sa tendresse maternelle n'allait pas jusqu'à sacrifier un frère à l'autre, et à tolérer un scandale dont la cour d'Espagne, si bien servie en rapports, eût demandé réparation. Malheureusement ses appréhensions semblaient fondées. A tous les carrousels, le roi était le cavalier d'honneur de Madame ; à toutes les comédies à ballet ils dansaient un pas ensemble; dans tous les couplets de Benserade, allusions transparentes où nul ne se méprenait, lè roi était le lis, elle la rose. Quand le roi s'égarait à la chasse, on avait toutes les peines du monde à retrouver Madame. Anne d'Autriche avait jugé qu'il était temps de mettre un terme à une inconvenance ou d'arrêter une faute. Sachant que les rois ne guérissent d'une passion que par une autre, elle avait cherché et trouvé parmi les demoiselles d'honneur de Madame même une jeune personne peu remarquée, mais propre à frapper par une beauté modeste, qualité jusqu'ici rarement offerte à l'inconstance de son fils.

Ceci était parfaitement vu, bien combiné, le roi tomberait au piége. Seulement Anne d'Autriche n'avait pas prévu qu'elle réussirait, non parce que son fils cesserait d'aimer Madame pour aimer une de ses demoiselles d'honneur, mais simplement parce que Louis XIV n'avait montré de l'amour pour sa belle-sœur qu'afin de cacher une passion vive et réelle pour la rivale dont sa mère lui ménageait la présence.

Le roi avait poussé le duc de Saint-Aignan dans une encoignure, et lui répétait : « D'Artagnan est un maladroit, un fou; il entre ici comme dans une place conquise. Est-ce là la prudence que j'ai tant recommandée? Veillez sur lui, que ses mousquetaires ne quittent pas la selle un seul instant. M. de Colbert est-il venu, duc?

— Oui, sire.

— Tant mieux. Dites-lui de ne pas m'approcher de toute la journée, d'éviter de se promener en compagnie de Harlai, de Séguier et de d'Albret; de causer beaucoup au contraire avec Gourville, avec Lauzun, avec Pélisson, avec les dames, s'il en est capable, et de ne partir d'ici que toutes les bougies éteintes. Et Elle, est-elle ici? reprit bien bas Louis XIV, sans nommer qui.

— Pas encore, sire. La suite de Madame n'est pas arrivée.

— Qu'il me tarde de la voir! — Duc, rompons cet entretien sur-le-champ par un grand éclat de rire, afin de n'inspirer aucun soupçon à ma mère ni à Madame. Sachez leur dire pourquoi nous aurons ri.

Le duc et le roi rirent aux éclats.

— Mais venez donc, mesdames, s'écria le roi en paraissant à la porte du cabinet; monsieur le duc va vous expliquer la cause de notre gaieté.

— Qu'est-ce donc, monsieur de Saint-Aignan? s'informa la reine-mère.

— C'est… mon Dieu, cela vaut-il bien la peine?

— Parlez toujours, duc.

Saint-Aignan, qui n'avait rien à dire, balbutia, rougit, regarda le plafond, et répondit tout-à-coup avec la pétulance d'une réflexion subite :

— Vos majestés ont dû remarquer que dans les nombreuses pièces de ce château l'écureuil de monsieur le vicomte poursuit avec acharnement la couleuvre de M. Colbert. Certes, s'il est quelqu'un en France capable de connaître les intentions héraldiques de M. de Belle-Isle, c'est le peintre qui a répété au moins deux ou trois mille fois cet emblème. Eh bien ! ne faut-il pas que ce peintre soit singulièrement distrait ou coupable? Dans ce château, ici, sur notre tête (que vos majestés daignent regarder ce plafond pour m'en croire), ce peintre fait étrangler l'écureuil par la couleuvre.

— Pas possible, duc !

— Qu'il plaise à vos majestés de suivre la direction de mon doigt. En tirant une ligne du coude de cette femme qui représente le Sommeil, n'aperçoivent-elles pas, vos majestés, dans la guirlande du plafond, un écureuil?…

— Et la couleuvre qui le darde ! crièrent tous trois le roi, sa mère et Madame.

— Si cela me regardait, ajouta le roi, je me croirais perdu.

Il pâlit.

Saint-Aignan pâlit.

— Sortons au plus vite de ce cabinet de la prédiction.

Ils rentrèrent, tout effrayés, dans le salon.

Le nom du cabinet de la Prédiction est resté à cette pièce. A plus d'un siècle de distance, on éprouve un effroi historique, lorsqu'on regarde cette erreur de peintre qui fut une si terrible prophétie. On n'a presque plus d'attention pour la suave allégorie de Lebrun : le Sommeil, sous les traits d'une femme endormie, qui, comme l'a dit Lafontaine dans le *Songe de Vaux*, « laisse tomber des fleurs, et ne les répand pas. »

Quand les brigands du Nord, je veux dire les Bavarois, entrèrent en 1815 dans le château de Vaux, ils le saccagèrent. Ce délicieux boudoir ne fut pas épargné, et pourtant ils n'arrachèrent pas du plafond le Sommeil de Lebrun. Avaient-ils lu les vers de Lafontaine? S'il en fut ainsi, pourquoi le bonhomme n'en a-t-il pas écrit sur les fauteuils et les tapisseries? A la pointe du sabre, les Bavarois ont détaché du fond des fauteuils et du cadre des murs les étoffes brodées qui les garnissaient. Ils ont laissé les murs et les fauteuils dans l'état où ils se trouvaient avant d'être recouverts. Dans les tapisseries d'Aubusson de nos châteaux l'invasion a taillé des mouchoirs.

C'est une revanche, nos pères avaient fait le même usage des drapeaux bavarois.

III

Il n'y a pas d'exemple dans l'histoire d'une fortune aussi rapide et aussi courte que celle de Fouquet.

A peine apprend-on qu'il existe, qu'il est déjà procureur-général au parlement, une des plus hautes dignités du royaume; à peine au parlement, on le voit surintendant des finances, le premier dans l'état après Mazarin; à peine le sait-on surintendant des finances, qu'il est sous les verroux de Pignerol; à peine est-il à Pignerol qu'on n'en parle plus.

Entre Mazarin et Colbert, qui se souvient de Fouquet?

Consultez les historiens, même les plus complets: ils vous diront que Fouquet fut poursuivi et condamné pour ses dilapidations. Rien n'est plus vague. Cela s'applique à tous les ministres des finances depuis Enguerrand de Marigny. Mazarin avant Fouquet, Colbert après lui, épuisèrent le trésor avec bien plus d'avidité. Le surintendant ne fut mis en jugement, ceci ressort de son procès même, que par le fait des énormes vols de Mazarin; et Colbert, malgré ses vastes créations commerciales, au lieu de diminuer la dette, l'augmenta de beaucoup.

Que reprocha-t-on à Fouquet? — Son faste? Oublie-t-on que le cardinal Mazarin, pauvre sous Richelieu, fit passer, au bruit de sonnettes d'argent, sous la porte Saint-Antoine, en 1660, à la suite de l'entrée triomphale de la reine, soixante-deux mulets chargés d'or et de diamans? — Le luxe de sa maison? A quelques charges près qu'il fut obligé de créer pour soutenir l'éclat de sa nouvelle dignité de surintendant, il ne fit que continuer la vie qu'il menait auparavant, extraordinairement riche par sa famille et du côté de sa femme, qui lui apporta douze cent mille livres. — Son goût pour les bâtimens? Il convenait peu à Colbert et à ses successeurs, eux qui devaient élever Versailles et Marly, de demander compte à Fouquet des quelques millions, dilapidés ou non, qu'il consacra au château de Vaux. — Ses mœurs? S'il appartenait à quelqu'un d'écarter ce chef d'accusation, c'était d'abord au roi. — Sa rébellion?

On en eut de si faibles preuves, et elles devaient être faibles en effet, que le ressentiment de ses juges, presque tous vendus à Colbert, ne parvint qu'à le faire condamner à l'exil, peine commuée par Louis XIV en une détention perpétuelle.

Ainsi l'histoire dit mal Fouquet : elle ne le sait pas.

Avant son élévation, elle le voit à peine ; pendant, elle en est éblouie, elle est trop lente avec son cortége de causes et de recherches pour expliquer à temps cette haute fortune ; après, elle s'impose cinquante ans de silence, car malheur à qui parlera de Fouquet sous Louis XIV. Et de quel homme d'état s'occupe-t-on après cinquante ans ?

Fouquet n'aura pas même d'histoire, cette fosse commune.

Fouquet revient de droit aux mémoires et à la poésie ; une moitié de sa vie appartient à Gourville, l'autre moitié à La Fontaine.

Heureux, il est l'homme des mémoires.

Seigneur plein d'éclat à la cour, sybarite recherché à son pavillon de Saint-Mandé, il a toutes les amitiés, et celles de la Fronde, et celles de Saint-Germain ; toutes les amours à la ville ; rien ne manque à sa périlleuse renommée. Boileau incruste en proverbe ses bonnes fortunes de surintendant ; un souterrain conduit de son boudoir au

milieu du bois de Vincennes, pour faire évader
les femmes quand les maris viennent la nuit les lui
redemander.

Richelieu pensionne quelques hommes de lettres
pour qu'ils admirent ses vers ; Fouquet les enrichit
tous à la condition qu'il n'écrira pas de vers,
l'homme aimable ! mais qu'eux viendront chaque
mois lui lire ceux qu'ils auront composés. La Fontaine s'engagera à quatre épîtres par an ; il paiera
en quatre termes. Richelieu disait : J'ai donné une
chemise à Apollon. Fouquet avait droit d'ajouter :
Je l'ai mis dans ses meubles. Pélisson, grâce à lui,
a six domestiques ; Le Vau est servi en vaisselle
plate ; Lebrun a un équipage ; Le Nôtre tutoie
Fouquet. Mademoiselle de Scudéry est coulée en
bronze, et l'on trouve dans la boîte de vermeil où
le surintendant parfumait ses pensées secrètes des
lettres de madame de Sévigné.

Ainsi Fouquet donne à Louis XIV l'exemple de
tout ce qui lui vaudra le nom de grand : amour
des arts, respect aux lettres, munificence aux écrivains, goût pour les monumens, dévouement aux
femmes, qui toutes conservèrent à Fouquet la fidélité du malheur, la seule qu'il leur demanda jamais.

Est-il renversé par le souffle noir sorti de la
bouche de Colbert ? aussitôt il devient l'homme de
La Fontaine. La Fontaine se jette à son cou comme

un fils, lui qui ne se rappelait plus en avoir un, et ne l'abandonne pas. Il n'est plus distrait, La Fontaine; il ne dort plus, lui le sommeil fait poète. Jour et nuit il va, il marche, il court, oubliant le lapin son ami et la taupe sa sœur, et la fourmi sa voisine; il va des nymphes de Vaux au premier président du parlement. Au milieu des solitudes de Vaux, il crie : Rendez-moi Oronte! — Vous, nymphes; vous, naïades; vous, sylvains! Oronte est captif, Oronte est innocent puisqu'il est malheureux; suivez-moi, embrassons les genoux de Louis, et redemandons-lui Oronte! Et La Fontaine se présente au parlement avec tous ses sylvains pour qu'on délivre Oronte; il intercède auprès de mademoiselle de La Vallière au nom des hamadryades éplorées. Partout rebuté, il s'enferme avec mademoiselle de Scudéry et madame de Sévigné, et ces trois femmes pleurent.

Ne cherchez pas ailleurs la mémoire de Fouquet : elle est toute dans le cœur des femmes; j'ai dit le cœur des poètes.

Mazarin, c'est vrai, eut une grande chose dans sa vie : c'est le traité de paix de Westphalie.

Mais Fouquet eut aussi une ravissante chose dans sa vie : c'est la fête de Vaux.

Qu'est-il resté du traité de Westphalie? rien. Voyez où est remontée la maison d'Autriche.

Qu'est-il resté de la fête de Vaux ?

Les Fâcheux de Molière, une élégie de La Fontaine, douze lettres de madame de Sévigné.

Ceci durera plus que la maison d'Autriche.

IV

Tandis que le roi et sa mère reçoivent dans les salons de Fouquet les hommages dont ils sont ordinairement entourés à Fontainebleau, l'étiquette n'ayant jamais abandonné Louis XIV, même en voyage, le surintendant, dont l'absence est justifiée par la nécessité où il est, dans un tel jour, de se trouver partout, a réuni les deux amis sur la fidélité desquels il peut compter, et s'entretient avec eux dans les allées du parc.

— Le moment venu, j'hésite, balbutia Fouquet le premier.

Et Pélisson, saisissant le bras de Fouquet : — Serait-il bien vrai ? Et pour quel motif, sur quel soupçon, nous alarmez-vous ainsi ? Vous êtes pâle, en effet, monseigneur.

— Franchement, ces mousquetaires à cheval

m'ont donné à réfléchir. Avouez que leur présence a droit d'étonner.

— Ma foi, non, reprit Gourville. Cette suite bruyante est dans les goûts d'un jeune roi. C'est du faste. D'ailleurs, pour peu que nos soupçons devinssent plus graves, je me chargerais de d'Artagnan et de ses mousquetaires. Les caves du château sont profondes, et ils ne boiront pas tout.

— Vous ne savez donc pas, Gourville, que le roi leur a défendu de quitter l'étrier?

— C'est possible, monseigneur; mais il ne leur a pas défendu de boire, office dont on s'acquitte très-bien à cheval. Seulement on tombe de plus haut. Sont-ce là toutes vos craintes, monseigneur?

— Les douze portes du parc sont-elles bien gardées, Gourville?

— Par les meilleurs complices qu'on puisse choisir.

— Par qui donc, Gourville?

— Par personne.

— Comment cela?

— Où est la nécessité de veiller à douze portes si l'on ne doit sortir que par une?

— Mais cette porte?

— A celle-là j'ai posté quelqu'un qui ne m'a jamais trahi en ces sortes d'équipées : invisible et muet.

— Et c'est?...

— Personne.

— Vous me désespérez, Gourville; j'ai peur que vous n'ayez pas votre tête, tout votre sang-froid.

— Pardon, monseigneur, bien que je sois venu avec le maréchal de Clairembault. Par cette porte si fidèlement gardée nous passerons, vous, monseigneur, la personne que vous savez, M. de Pélisson et moi. Elle est assez large.

Fouquet serra affectueusement la main à ses deux amis.

— Merci, Gourville; mais pourquoi cette légèreté dans vos dispositions?

— Imiterons-nous les Romains? crierons-nous jusque sur les toits que nous conspirons?

— Mais encore...

— Je le tiens de M. de Retz : dans un coup décisif il est important d'être sûr de tout le monde et de n'employer que quelques-uns. Ayez beaucoup d'hommes, ils comptent les uns sur les autres; peu, ils agissent. M. le coadjuteur s'y connaissait.

Perdant par degré la teinte de tristesse répandue sur son visage, le surintendant se tourna vers son poète-secrétaire : — Vous, monsieur Pélisson?

— Monsieur le vicomte, je partage les assurances de M. Gourville.

— Vous ne saisissez pas ma demande : ce n'est pas là-dessus que je souhaite vous entendre. Avez-vous déposé sur la cheminée de chaque chambre de gentilhomme mille pistoles pour faire face aux dettes du jeu ? Avez-vous ordonné qu'on traitât les gens de lettres dans cette journée avec les nombreux égards dont j'aime à les voir entourés ? Ils dîneront dans la salle des Muses : je crois avoir exprimé ce désir.

— Vos ordres ont été suivis. Ils seront confondus avec les gens de qualité. Des guirlandes de fleurs se balanceront sur leur front au bruit de harpes cachées : Lambert jouera du téorbe. Comme les anciens poètes, ils boiront dans des coupes de vermeil.

— Et comme les anciens poètes, monsieur de Pélisson, ils emporteront leur coupe. Nous vous devons la gloire qui suit la vie. Vous et La Fontaine me ferez immortel.

— Auparavant, interrompit Gourville, il faut que vos ennemis soient dans la poussière, que le roi, notre maître, vous reconnaisse pour le premier gentilhomme de l'état après lui.

— Quel moment heureux ou fatal ! Gourville, Pélisson, qu'en pensera l'Europe ? Et cecoup qui retentira long-temps, — au milieu d'une fête !... Des poignards cachés sous des fleurs. N'est-ce pas que mon château ne fut jamais plus splendide ? On dirait qu'il sait qu'un roi de France l'habite. Pélisson, avez-vous prié M. le chevalier Lully de presser sa cantate ? Quel Orphée que ce Lully ! quel génie ! Il écrit dans ma chambre la musique qu'il exécutera dans trois heures devant la cour. Offrez-lui de ma part cette tabatière en diamans. Elle vient de Mazarin. Divin Lully !

— Silence, recommanda Pélisson, on vient de ce côté. C'est messire Pierre Séguier, chancelier de France. Je le savais ici, je l'ai vu descendre de sa haquenée blanche peu après l'arrivée de M. Colbert. En hommes prudens, ils ont voulu ne pas avoir l'air d'être venus ensemble ; mais nos gens placés sur la route ont remarqué leur séparation à la Patte d'Oie de Voisenon.

Gourville courut au-devant du chancelier, le chapeau bas, et l'accosta avec le respect mêlé à la joie la plus vive.

— Monseigneur, que je suis aise de vous joindre ici, et dans un tel moment ! Vous déciderez entre nous.

Le chancelier remercia d'un sourire.

— Dites-nous, monsieur de Séguier, vous qui avez laissé la justice à Paris, mais non pas le bon goût, si Le Nôtre n'a pas commis une faute grave dans la distribution générale de ce terrain.

— J'avoue, répondit le chancelier, que je suis peu apte à résoudre la question. Si vous voulez qu'il y ait ici trop de statues, de canaux, de fontaines de marbre pour...

Fouquet vit venir la leçon ; il brusqua la riposte :

— ..... Pour un simple financier tel que moi, j'en conviens, mais non pour le sujet qui reçoit son maître ; sur quoi vous alliez me féliciter, ce me semble.

— C'est ce que j'étais prêt à vous répondre, monsieur Gourville.

— Vous voyez donc, monsieur le chancelier, que vous êtes né pour mettre les gens d'accord avant qu'ils aient parlé : j'espère qu'il en sera de même, notre différend entendu. Pardon, mais il ne s'agit pas de statues, messire.

— Prenez garde, Gourville, de fatiguer M. de Séguier.

— Je vous en prie, monsieur de Belle-Isle, laissez à M. Gourville présenter sa requête. Je vous jugerai.

Ce mot glaça le sang de Pélisson. Séguier avait ri en le prononçant.

— Le Nôtre, disais-je, a commis une faute. Le plan horizontal du château est mal entendu : d'une extrémité au centre, le terrain descend ; du centre

à l'autre extrémité, il monte. La propriété creuse.
Vaux est un abîme : n'est-ce pas, messire?

Le chancelier ne sut trop si on lui renvoyait une
de ces allusions malignes dont il ne tarissait pas sur
la prodigalité du surintendant, ou si Gourville lui
demandait sérieusement un avis. Il le regarda avec
sa pénétration de juge.

Fouquet rompit l'embarras. — La propriété
creuse, intervint-il, parce qu'elle a été sacrifiée
exclusivement aux eaux. Le niveau est pris de loin
et de haut; plus on le ménage en l'abaissant, plus
l'eau, en reprenant sa ligne de hauteur, s'élève et
jaillit. Le Nôtre n'a pas tort, Gourville. Cette
explication satisfait-elle monsieur de Séguier?

— Pleinement. Mais je ne prendrai point congé
de vous, monsieur de Belle-Isle, sans vous complimenter sur la flatteuse rumeur qui circule. On tient
presque pour certain que vous allez vous défaire
de votre charge de procureur-général. Sa majesté
n'attendrait que cette résolution de votre part pour
vous conférer ses Ordres. C'est un regret pour le
parlement, et je le partage; mais la compensation
est si belle, qu'il faut se taire et adorer le monarque dans ses œuvres.

— N'ajoutez pas à la confusion où je suis, monsieur de Séguier, de me trouver déjà si peu digne
des bontés de notre roi.

—Adieu, je vous laisse, monsieur de Belle-Isle, ce dont vous m'excuserez, pour aller présenter mes soumissions à sa majesté.

M. de Séguier se retira gravement.

—Je reprends, dit Gourville : personne n'agira, mais personne n'empêchera d'agir. Après les eaux viendra le dîner; après le dîner la comédie, après la comédie le feu.

— Oui, Gourville, c'est le moment de frapper le grand coup.

— Il se placera sur les cascades pour admirer le feu, et au même endroit où il aura vu jouer les eaux. A sa droite Il aura dix de nos amis, à sa gauche dix, vingt derrière : foule sur les marches, personne à la portée de son regard, personne ! cela masquerait le coup d'œil. A la troisième girande lancée, lorsque le ciel sera couvert d'étincelles et de cris, quand le canon se mêlera à ce bruit pour le rendre plus formidable, un homme disparaîtra.

— Gourville !

Pélisson visita de l'œil le prolongement de l'allée.

— Monseigneur, cet homme disparu sera remplacé sur-le-champ par un autre de même taille, de même costume; panache blanc au chapeau, cordon bleu à la poitrine.

— Et ceux qui l'entoureront ?

— Voilà les amis dont je vous parlais, ceux qui n'agissent pas.

— Et s'il crie ?

— Le canon crie plus fort.

— Et si l'on voit ?

— L'obscurité profonde qui succède à l'éblouissement d'une girande de feu ne permet guère de voir. Douze girandes seront tirées à dix minutes d'intervalle. Douze obscurités : c'est deux heures. A la dernière, nous serons à huit lieues d'ici.

— Et ce feu d'artifice, s'écria Fouquet, éclipsera, j'en suis sûr, celui qui fut tiré à la porte Saint-Antoine, au mariage de la reine. Torelli est une Salamandre.

— Silence ! dit une seconde fois Pélisson ; quelqu'un vient. — Colbert était à deux pas.

— Pour le coup, l'augure est sinistre, murmura Gourville, c'est M. de Colbert ; il ne manque plus, pour nous achever, que M. de Laigue et madame de Chevreuse.

Colbert était fort laid, déjeté comme un vieux bois ; il avait la peau grillée, la mine souffrante. Les douloureux sacrifices des nuits, l'agonie des difficultés vaincues, l'intromission violente de connaissances sans nombre, le mépris de la vie et de ses besoins, le despotisme de la volonté sur la douleur, se lisaient à ses joues, à son front, où les rides étaient si profondes qu'elles simulaient des feuilles de parchemin. La vie s'était retirée de ce corps corrodé par l'étude, pour s'isoler dans le crâne ; là était la flamme. Sa tête était transparente comme une lampe de nuit. On sentait poindre les os sous la légère couche de vie qui tapissait ce cadavre. On voyait l'ironie de la mort grimacer derrière cette peau, si enflée de rien. Le squelette voulait sortir.

Au moment où Colbert s'était montré comme un fantôme au détour de l'allée, Pélisson, pour avoir une contenance, avait déroulé un papier, qu'il affecta de lire, jusqu'à ce que lui et ses compagnons se trouvassent dans l'impossibilité d'éviter la rencontre.

— C'est fort beau ! s'écriait Gourville ; le roi en sera enchanté.

— Monsieur Pélisson, appuyait Fouquet, vous n'avez jamais mieux été inspiré ; l'air de Vaux est une muse.

— Ce sont choses trop légères pour monsieur Colbert, dit Fouquet en abordant celui-ci, que des vers de circonstance. Si quelque chose les excuse pourtant, c'est la circonstance. M. de Pélisson nous lisait le prologue de sa façon qui sera récité cette nuit avant la comédie de mon ami, M. Molière.

— Que je n'interrompe pas M. de Pélisson ! se récria Colbert ; des vers à la louange du roi sont une bonne fortune : vous ne voudriez pas m'en priver.

Pélisson lut avec chaleur le prologue au roi, et fut applaudi à chaque hémistiche, excepté par Colbert, qui roulait sa tête et son œil comme un sauvage qui entend de la musique pour la première fois. Au dixième vers, quoique la pièce n'en ait pas quarante, il fourra ses mains sèches dans ses goussets, et ne prêta plus aucune attention.

Ayant achevé sa lecture, Pélisson se tourna vers Colbert avec la discrétion d'un poète qui attend son arrêt.

Les vers du prologue de Pélisson passaient pour fort beaux.

— Ah ! vous avez fini, monsieur de Pélisson ; je vous fais mon compliment. C'est bien ! très-bien ! J'avais un neveu qui s'amusait aussi à ces bêtises-là ; il a réussi. Je l'ai employé aux gabelles.

Gourville se baissa pour ne pas rire, affectant d'arranger les boucles de sa chaussure. Gourville ne faisait pas de vers.

Colbert ne remarqua pas le dépit de Pélisson, qui, oubliant son rôle dans cette comédie, rougit, pâlit, fut sur le point de trahir la ruse et de dire : « Croyez-vous donc, monsieur de Colbert, qu'on » vous demande votre avis ? Il fallait feindre et vous » prendre pour un homme de goût. On ne s'atten-

» dait pas à réussir. » Le conjuré l'emporta cependant sur le poëte; Pélisson se tut.

Colbert continuait à Fouquet : — Il n'est bruit, monsieur, que de votre retraite du parlement. Au dire de beaucoup, votre charge de procureur-général serait déjà vendue, ce qu'attend le roi pour vous conférer ses Ordres.

— La grâce du roi, répondait Fouquet, n'est pas chose tellement sûre, si je ne dois espérer qu'en mon mérite, que mes intérêts me fassent une nécessité de vendre ma charge. Plus je mettrai de délai à m'en défaire, plus je montrerai à mon maître que je ne vaux que par lui.

— Vous vous jugez trop sévèrement, monsieur de Belle-Isle; et puisque le roi vous laisse espérer cette faveur, c'est qu'il vous en croit digne.

— Je vous remercie de cette manière de voir, monsieur de Colbert; je n'en oublierai pas le témoignage.

Colbert salua et gagna le château.

— S'il n'est fatal, le rapprochement est du moins singulier. Avez-vous remarqué, Gourville, Pélisson? M. de Séguier me demande si j'ai vendu ma charge de procureur-général, M. de Colbert est étonné de m'en trouver encore revêtu. Est-ce du hasard? Le procureur-général les importune donc bien? Mais vous en étiez, Gourville, au moment du feu et de l'enlèvement. Et après que nous serons partis, que se passera-t-il ici?

— L'histoire nous l'apprendra.

— Mais enfin, lorsque le feu sera consumé, qu'on cherchera le... qu'on le cherchera pour partir...

— Alors jaillira le bouquet, détonation terrible qui renversera dans les fossés toutes les voitures de la cour placées au bord. Torelli l'artificier en est sûr. C'est un événement nouveau à travers mille événemens : c'est une heure pour eux, trois lieues pour nous. Au jour ils seront encore ici.

— Mais après?

— Ah! monseigneur, en conspiration, *après* n'existe pas; on est ou l'on n'est plus !

— Vous avez dit le mot, Gourville, c'est une conspiration, et contre qui? Je frémirais à cette seule pensée, si ma conscience ne me criait que c'est là le seul moyen de convaincre le roi, qui, une fois dans nos mains et dans ma place de Belle-Isle, signera, au nom de l'intérêt de la France plus encore que par la violence de sa captivité, car elle lui sera douce, le renvoi de M. de Colbert, cette affreuse couleuvre, et celui de M. Le Tellier. Avec eux tomberont leurs créatures. Écrasez l'araignée, la toile s'envole au vent. M. de Colbert est mon araignée qui tend sa toile partout où je suis. Depuis

Mazarin, il m'enveloppe, m'étouffe ; il me tuera si je ne l'écrase. Puissant comme toutes les résistances ; hardi, parce qu'il n'a rien à perdre ; influent auprès du prince, qui finira par être persuadé que ma chute sera un heureux prétexte pour ne payer aucune dette, car je serai la cause de toutes, si je tombe ; chef de parti, ayant su rallier toutes les haines contre ce qu'on appelle ma prodigalité ; appuyé des femmes, de celles dont je n'ai pas courtisé la vieillesse ou la laideur ; Colbert, laid, triste, avare, obscur, sordide, triompherait de moi ! Lui renversé, je n'ai plus que des amis.

En tenant le roi captif, je ne fais, après tout, avec des intentions plus pures que ce qu'exécutèrent, sous la minorité, le cardinal de Retz, Turenne, un prince du sang, le parlement, la France entière, contre Mazarin, la reine et le roi lui-même. Et je n'appelle pas l'étranger ! — Voilà de quoi m'absoudre.

Les trois amis se tenaient par la main, et confondaient dans un serment muet le vœu d'être fidéles à leur conjuration.

S'échappant tout-à-coup d'entre Gourville et Pélisson, émus jusqu'aux larmes d'une scène où s'était décidée leur vie, ainsi que l'événement ne le prouva que trop, Fouquet alla galamment offrir son bras à une dame qui accourait vers lui, et se perdit avec elle, en riant aux éclats, dans une contre-allée.

Les deux secrétaires du surintendant, quoique habitués à sa légèreté, se regardèrent stupéfaits. Pélisson ne put s'empêcher de murmurer : C'est trop à la fois, Brutus et Bellegarde!

Ils savaient quelle était cette dame admise dans la plus équivoque familiarité du surintendant.

Fouquet était un sultan. Il était entouré de messagères d'amour, aux mains prodigues de sa fortune, à la bouche éloquente pour lui, qui lui épargnaient la timidité de l'aveu et le dépit du refus.

On publiait, à la gloire de madame de Bellière, dans le monde de la cour, que, sous les enseignes du surintendant, elle n'avait eu que des triomphes et pas une défaite. C'était un bonheur sans exemple. Était-il arrivé à son terme? voilà ce qu'on se demandait depuis que Fouquet avait chargé madame Duplessis-Bellière d'une expédition amoureuse de la plus rare difficulté; c'était la Toison-d'Or à obtenir! Les humbles assistaient à cette audacieuse entreprise comme des bourgeois à une course de chevaux. Que ceci est beau! disaient-ils, et tout bas : Oui, c'est beau! mais quelqu'un se cassera le cou.

C'était pour savoir s'il avait conquis quelques avantages sur le cœur vierge d'une demoiselle d'honneur de Madame que le surintendant s'était caché avec madame de Bellière sous les charmilles, oubliant, comme s'ils n'eussent jamais existé, Pélisson et Gourville. Ce n'est pas qu'il y eût à craindre qu'il dévoilât la conspiration : il n'y pensait plus.

Quand l'heureux Fouquet et sa confidente descendirent vers le château, la joie de leurs visages eût fait pâlir de jalousie celui de Saint-Aignan, ce maître passé dans la carrière officieuse qu'il suivait concurremment avec madame de Bellière.

— Elle viendra donc, disait Fouquet, elle vous l'a promis ; mais vous ferez mon bonheur, madame !

— N'oubliez pas, vicomte, que j'ai déjà fait votre bonheur trois cent dix-huit fois.

— Vous tenez donc compte ?

— Pourquoi pas ? Ce sont mes états de service. M. de Saint-Aignan vient d'être nommé gouverneur.

V

Avant l'heure du dîner, Fouquet proposa une promenade aux parterres.

On sortit par la façade opposée à la cour d'honneur.

Les trois grilles de la rotonde s'ouvrirent pour laisser écouler par le pont-levis la cour et la foule de dames et de seigneurs qui la suivait.

A la porte du milieu parurent le roi et madame Henriette d'Angleterre, à qui l'étiquette indiquait cette place en l'absence de la jeune reine, restée à Fontainebleau à cause de sa grossesse ; à la porte de droite se présenta Anne d'Autriche, accompagnée de son fils, Monsieur ; à la porte de gauche, le prince de Condé et mademoiselle d'Orléans ouvrirent la marche des princes et des pairs.

« On découvre de ce perron, écrivait il y a plus de
» cent cinquante ans mademoiselle de Scudéry dans
» sa *Clélie*, une si grande étendue de différens par-
» terres, tant de fontaines jaillissantes, et tant de
» beaux objets qui se confondent par leur éloigne-
» ment, qu'on ne sait presque ce que l'on voit. On
» a devant soi de grands parterres avec des fontai-
» nes, et un rond d'eau au milieu ; et à la droite
» et à la gauche, dans les carrés les plus proches,
» trois fontaines de chaque côté, qui, par des arti-
» fices d'eau divertissent agréablement les yeux. »

Parmi les parterres, celui qu'on nommait *le Par-
terre des fleurs* était une œuvre de jardinier et de peintre, de Le Nôtre et de Lebrun. Celui-ci avait

tracé le dessin, celui-là l'avait réalisé avec des fleurs. Ils avaient opéré comme les brodeurs orientaux sur les habits de satin : ils avaient brodé la terre. Au lieu de soie rouge, bleue et jaune, ils avaient nuancé des tulipes, des roses et des boutons d'or en guise de soie ; et avec mille roses plantées l'une à côté de l'autre, et dont chacune n'avait dans l'ensemble que la valeur d'une feuille, ils en produisaient une mille fois plus grande qu'une rose ordinaire. Cette rose ou toute autre fleur entrait dans l'arabesque d'un carré du parterre pour participer à l'ordonnance d'un bouquet gigantesque. De près c'était un parterre, de loin une broderie ; de près un jardin, de loin un pastel : de près on désirait se promener à travers ce champ, ce parterre ; de loin on aurait désiré y voir une sultane demi-nue et assise : c'était un tapis.

Venaient ensuite les Saint-Aignan, les Dangeau, les d'Aubusson, les Beauveau, les Lafeuillade, les Langeron, les Créqui, les Tavannes, les Saint-Pol, les Larochefoucauld et les Bouillon, grands noms en faveur auprès du roi et de la reine. Réunis dans la salle des gardes, ils défilèrent en ordre, et, se répandant avec plus de liberté, ils se dirigèrent vers l'espace occupé par les parterres et les pièces d'eau, alors tranquilles, chaudes et empourprées des derniers rayons du jour.

Les pièces d'eau du château étaient nombreuses et belles; leur dessin et leur symétrie excitaient si haut l'admiration qu'elles servirent de modèles à celles de Versailles et de Saint-Cloud. Elles furent, à quelques fausses tentatives près, les premières qu'on vit en France, transportées des villas d'Italie. Fouquet eut la ruineuse gloire de devancer le roi dans l'art merveilleux d'attirer les eaux de cinq lieues à la ronde pour les verser dans des réservoirs de marbre après les avoir laminées et tordues dans des tuyaux de plomb dont les vestiges effraient encore. Arrachés à la terre, cent ans après, par le fils du second possesseur du château, le duc de Villars, et vendus à la livre, ces tuyaux furent payés 480,000 fr.

Ces eaux sont une histoire.

Trois villages furent démolis et rasés, et sur leur emplacement la bêche creusa des bassins qui sont des mers : lacs asphaltités aujourd'hui. La vapeur les étouffe, et le roseau les cache. On dirait que la malédiction du ciel a troublé ces eaux et les a empoisonnées. Qui dort auprès de ces eaux meurt. Tous ces dieux impies de marbre et d'airain, qui respiraient par des poumons de plomb et vomissaient les rivières qu'ils avaient bues, sont restés en place. Mais au printemps les oiseaux déposent leurs nids au fond de la conque muette des tritons;

les cascades pétrifiées n'épanchent plus que du lierre ; l'eau a verdi en herbe, l'herbe a monté : on fauche ces mers.

Alors le soleil descendait et illuminait en écharpe ces eaux prodigieuses et fières.

Guidée par le roi et la reine-mère, une population d'élite s'étale sur les gradins cintrés qui vont du château aux parterres : des figures belles et se-reines, sœurs de têtes royales, se déroulent avec lenteur dans un arc indéfini, s'avancent au milieu de l'air tiède et violet qui les encadre. A ces chairs reposées et blanches, à ces robes de soie émues par des mouvemens amoureux et chastes, à tant de solennité au milieu de tant de jeunesse, on dirait une fête de Zénobie à Palmyre, si jamais Palmyre eut de telles fêtes.

Toute la monarchie de Louis XIV, mais la jeune monarchie, est là.

La Fronde, à qui l'on a pardonné, la Fronde est venue en petit manteau de satin, laissant flotter au vent des pas ses dentelles brodées, ses rubans de moire, ses nœuds de soie. Des plumes blanches s'inclinent sur le chapeau rabattu des héros du fau-bourg Saint-Antoine : leur chapeau est penché sur l'oreille, et leurs têtes, encore toutes railleuses de dédain pour monsieur le cardinal, suivent l'incli-naison des plumes et du chapeau ; leurs moustaches partagent cette inflexible obliquité. Leur cœur s'est rallié au roi ; leur chapeau pas.

Si la pente devient rapide, les cavaliers abandonnent le bras de leurs dames, qui, pour assurer leur marche, appuient leurs mains gantées, un peu au-dessous d'elles, sur des épaules officieuses.

Ainsi, à perte de vue, à droite, à gauche, au fond, ce sont des groupes en cascades, penchés l'un sur l'autre dans la plus harmonieuse dégradation. Des sourires montent vers des visages gracieux à mesure que des pieds descendent, et si parfois un vent frais s'élève des pièces d'eau vers le sommet de cet amphithéâtre, toutes ces robes traînantes de femmes enveloppent dans une nuée de mousseline le groupe, tous les groupes, dames et cavaliers, et ce n'est plus alors que quelque chose d'indécis et d'ailé, insaisissables apparitions du crépuscule.

Le roi était vêtu fort simplement : il portait une veste de drap bleu à boutons d'or ; l'Ordre passait au-dessus de tout ; ses souliers étaient ornés de boucles d'émeraudes ; une seule plume blanche flottait à son chapeau.

La fille de Charles Ier, Madame Henriette, cette femme dont la vie ou plutôt la mort a divinisé Bossuet, avait déjà, quoiqu'à peine âgée de dix-sept ans, cette empreinte de douleur si belle et si fatale au front des Stuarts. Henriette était frêle et blanche, d'une délicatesse extrême ; son cou était celui de Marie Stuart, d'une transparence si pure qu'on eût pu voir à travers couler le poison du chevalier de Lorraine. Henriette était de ces femmes qui écoutent avec leurs yeux.

Tous ses mouvemens, sans qu'elle s'en aperçût, étaient comptés et renvoyés avec des interprétations à son époux, par sa belle-mère, Anne d'Autriche, qui, à chaque instant, se tournait pour épier l'arrivée de quelqu'un impatiemment attendu par elle. Cette préoccupation de la reine-mère cessa quand elle vit descendre M. de Saint-Aignan conduisant, avec une grâce parfaite, une femme jeune encore, peu connue à la cour : c'était une demoiselle d'honneur de Madame Henriette.

Les mémoires nous ont conservé la parure qu'avait choisie pour cette journée mademoiselle de la Vallière. Sa robe était blanche, étoilée et feuillée d'or, à point de Perse, arrêtée par une ceinture bleu tendre, nouée en touffe épanouie au-dessous du sein. Épars en cascades ondoyantes, sur son cou et ses épaules, ses cheveux blonds étaient mêlés de fleurs et de perles sans confusion. Deux grosses émeraudes rayonnaient à ses oreilles. Ses bras étaient nus ; pour en rompre la coupe, trop frêle, ils étaient cernés au-dessus du coude d'un cercle d'or ciselé à jour ; les jours étaient des opales. Un peu blanc-jaunes, comme il était riche alors de les porter, ses gants étaient en dentelle de Bruges, mais d'un travail si fin, que sa peau n'en paraissait que plus rose sous la transparence.

Pour s'apercevoir de l'inégalité de sa marche, il aurait fallu pouvoir détacher, — et qui en était capable? — le regard de son buste, le plus délicat qui ait jamais existé à la cour, et c'eût été sans profit pour l'envie, car cette imperfection d'un beau cygne blessé cessait de paraître quand mademoiselle de la Vallière appuyait ses pieds sur un tapis. Elle ne boitait qu'en marchand sur la pierre. Une fois duchesse, elle ne boita plus. Louis XIV le voulut ainsi.

Sa figure est trop connue pour essayer de la reproduire; ce fut celle de la Vénus chrétienne de la France. Ses yeux bleus de vierge martyre, aux paupières de soie, s'ouvraient peu au jour; et, bien qu'ils n'eussent encore réfléchi que des visages jeunes et beaux comme le sien, qu'ils n'eussent vu de bien près qu'un homme, Louis XIV; qu'une femme, si ce fut une femme, ou un ange, Madame Henriette d'Angleterre, ils étaient déjà chargés de cette infortune qui lui arracha tant de larmes aux Carmélites. Mademoiselle de la Vallière vint au monde pour pleurer : elle n'attendait que l'occasion d'être reine.

Elle avait le sourire fermé, quoiqu'elle eût la bouche grande; ceux qui l'aimaient l'aimaient ainsi : mais ses rivales, et Bussy, l'écho de toutes les jalousies, ont attribué à l'irrégularité de ses dents le soin qu'elle eut toute sa vie de ne jamais les montrer. A cette précaution, il faut rapporter sans doute la discrétion de ses paroles. Sa taille était petite, mais élégante et flexible. Elle resta toujours enfant; gracieuse enfant qui aima trop tôt pour vivre. Singulier reproche! et que ne mérita jamais madame de Montespan : on reprocha à mademoiselle de la Vallière d'être complètement privée de formes : comme si les charmes d'une femme étaient ailleurs que dans l'opinion de celui qui l'aime! Et combien ne faut-il pas être plus difficilement belle, ainsi que le fut mademoiselle de la Vallière, pour se faire aimer par des causes qui ne s'altèrent jamais, dût la petite-vérole dans son vol gâter un noble visage! mademoiselle de la Vallière était marquée de petite-vérole.

Elle aima! Quel plus bel éloge peut-on écrire du cœur d'une femme qui s'attacha, non au fils d'Anne d'Autriche, mais à Louis-Dieudonné, non à Louis XIV, vainqueur du Rhin et de la Meuse, mais au jeune homme, tremblant sous la tutelle de sa mère, n'osant demander mille pistoles à son surintendant, humble devant son confesseur; non au

roi, chargé de lauriers et de diamans, faisant agenouiller des ambassadeurs du pape, des doges de
la sérénissime république, recevant assis et couvert
des représentans du roi de Siam, mais au beau cavalier à la bouche rouge, aux cheveux presque
noirs, grand, infatigable, courageux, adorant
toutes les femmes, mais n'en aimant qu'une, elle !

Louis XIV se peint dans ses maîtresses, et surtout dans les trois qui, plus particulièrement, dis-
putèrent son cœur.

Est-il plein de sève, d'entraînement, de cette
galanterie chevaleresque de la fronde, un peu espagnole, très-fière, mettant du point d'honneur
dans l'amour ? il aime mademoiselle de la Vallière.

La Mancini ne fut qu'une révélation soudaine qui
apprit à Louis XIV qu'il y avait des femmes.

A-t-il passé cet âge, qui passe aussi pour les
rois, est-il entré dans la vie, cette route pavée et
sans ombre, qu'il lui faut des amours faciles et
commodes, payés avec rien, avec de l'or : il aime
madame de Montespan, une belle femme qui ne
boîte pas, qui a de gros bras, de fortes épaules, qui
perd 500,000 livres au jeu de Marly chaque mois,
qui accouche en riant et qui accouche toujours.

Épuisé d'esprit et de corps, capable d'apprendre
sans émotion que mademoiselle de la Vallière est
morte au monde à trente-un ans dans une cellule

des Carmélites, et que madame de Montespan a passé ses épaules et ses bras à quelques ducs, il se tourne enfin vers la religion, il se jette dans le sein de madame de Maintenon, et y meurt. Ainsi Louis XIV pourra dater, en expirant, de son règne le soixante-sixième, et de sa maîtresse la troisième.

Triste parodie de ses maîtresses, ces deux hommes, qui marchent côte à côte du roi, l'accompagneront aussi toute sa vie : à sa table, pour applaudir pendant plus d'un demi-siècle à toutes ses paroles; à l'église, pour déposer qu'il est dévot, ou pour qu'il témoigne qu'eux le sont; à la guerre, assez près de lui pour ne pas craindre d'être blessés, ou assez loin de lui pour laisser croire qu'il court de grands dangers; à son lit, l'un pour en chasser la femme légitime, l'autre pour y introduire la maîtresse en faveur; et presque à son convoi funèbre, celui-ci pour dire : *Le roi est mort!* celui-là pour crier : *Vive le roi!*

Ces deux hommes s'abdiqueront dans Louis XIV; ils vivront de ses joies et de ses douleurs. S'il est gai, ils riront; s'il pleure, ils trouveront des larmes. Lui jeune, ils seront jeunes; lui vieux, ils se courberont, ils auront des rides; et si Louis XIV perd ses dents, ils trouveront le secret de n'en plus avoir. L'un n'aura commis qu'une

inconvenance, celle de mourir avant le roi ;
l'autre n'aura pris qu'une liberté, celle de mourir
après.

Voyez ! Louis XIV sera destiné à survivre à
tous ceux qu'il aura élevés ou abattus, ministres
ou maréchaux, grands peintres ou célèbres poëtes ;
à ceux qui sont nés avant lui, à ceux qui seront
nés depuis lui, à tous ses parens, à son frère, à sa
belle-sœur, à ses héritiers, hormis un seul, parce
qu'il est passé en chose jugée qu'en France celui-
là ne meurt pas ; à presque tous ses bâtards, morts
jusqu'à trois par trois dans un mois, avec la rapidité qu'il les fit ; à toutes ses maîtresses, aux plus
vieilles comme aux plus jeunes ; même à ses monumens ; à Fontainebleau, désert dans sa vieillesse ; à
Saint-Germain, s'écroulant sous le poids des dorures ; à Versailles, où l'eau aura cessé de descendre ; à Marly, où elle aura cessé de monter ; il sera
sur le point de survivre à la monarchie. Seulement deux hermaphrodites lui resteront, deux ca-
ricatures de maréchaux et de ministres, deux gri-
maces éternellement complaisantes, deux rires
implacables, deux magots de la Chine remuant et
souriant aux deux coins du logis, quoi qu'il arrive ;
deux squelettes impérissables, deux courtisans em-
baumés et vivans, deux flambeaux pour toutes
ses amours, deux cyprès pour sa tombe : l'un lé

duc de Saint-Aignan, l'autre le marquis de Dangeau.

Ils sont là tous les deux.

Un coup de canon fut tiré de l'esplanade du château.

A ce signal, les eaux devaient partir.

Elles partent.

Jamais merveille de ce genre n'avait frappé la cour. Pour concevoir cet étonnement, oublions les chefs-d'œuvre de bronze et de fonte des frères Keller des jardins de Versailles et de Saint-Cloud : Saint-Cloud et Versailles n'existaient pas; l'hydraulique était inconnue en France.

Les eaux partent, et ces bassins, tranquilles il n'y a qu'un instant, remuent, montent, bouillonnent. Cent trente-trois jets d'eau jaillissent à perte de vue; ils retombent en brouillard humide nuancé des couleurs du prisme. Autant de figurations mythologiques en fonte déroulent en pages liquides les métamorphoses d'Ovide. Voilà Pan, voilà Syrinx; ici les satyres aux genoux de la nymphe qui les dédaigne et fuit poursuivie par le dieu Pan. Plus loin le fleuve Ladon reçoit Syrinx éplorée et la transforme en roseaux. Du milieu des roseaux des grenouilles de fer soufflent l'eau en menues gerbes. Le poëme aquatique finit là. Les trois unités sont respectées sous l'eau comme sur la terre. Neptune reconnaît Aristote.

Autres bassins, autres merveilles.

Admirez Prométhée en perruque limoneuse, qui, avec de l'eau et de la terre, fait un homme. La terre, c'est un morceau de cuivre; l'homme, c'est Louis XIV portant le sceptre. Du sceptre part un vigoureux jet d'eau. Louis XIV a la bonté de se reconnaître et de sourire.

Après la fable, l'allégorie.

Jupiter, emblème de la puissance, enlève Europe dans Ovide; à Vaux, il enlève la Hollande. C'est une grosse femme aux pieds de laquelle on a gravé *Batavia*. Jupiter, c'est encore Louis XIV.

Laissons dire encore mademoiselle Scudéry :
« On voit un abîme d'eau au milieu duquel, par
» les conseils de Méléandre (Lebrun), on a mis une
» figure de Galathée avec un cyclope qui joue de
» la cornemuse et divers tritons tout alentour.
» Toutes ces figures jettent de l'eau et font un très-
» bel objet. Mais ce qu'il y a de très-agréable, c'est
» que toute cette grande étendue d'eau est cou-
» verte de petites barques peintes et dorées, et que
» de là on entre dans le canal. »

Au tour de l'apologue maintenant. Un monstrueux lion de fer qui rugit de l'eau, caresse de l'une de ses pattes un petit écureuil, tandis que de l'autre il presse et retient une couleuvre. L'écureuil, c'est Fouquet, son symbole héraldique; la couleuvre, Colbert; le lion qui rugit, c'est toujours Louis XIV.

Et quand ces eaux, dieux ici, divinités plus loin, païennes et monarchiques, ont fatigué l'air de leurs élancemens, elles coulent dans un canal d'une demi-lieue, auquel la fantaisie a donné, de distance en distance, des formes et des dénominations singulières. La tête du canal s'appelle la Poêle. La queue de la Poêle, c'est le prolongement du canal, qui, cinquante pas au-dessous, s'équarrit en miroir, et en prend le nom. Au-dessus du miroir est la Grotte de Neptune, qui fait face aux cascades de l'autre côté du canal. Sept arcades où s'incrustent sept rochers, et que terminent deux cavernes où se cachent, sous un rideau de pierre dentelée, deux statues de fleuves, forment la Grotte. Tantôt appelée la grotte de Vaux, et tantôt de Neptune, elle déploie soixante-dix marches de chaque côté, conduisant à une spacieuse terrasse au-dessus des arcades. C'est là qu'était la Gerbe-d'Eau, vaste réservoir qui alimentait la Grotte de Neptune, et du centre duquel jaillissait un jet d'eau de toute hauteur.

Placé sur la terrasse de la Grotte, Louis XIV put voir toute la fête et en être vu. C'est le point le plus élevé de la ligne des travaux hydrauliques. Tournez-vous : un monument l'atteste. Hercule, les bras croisés, est derrière la terrasse, au-delà de la Gerbe-d'Eau ; il semble dire : Ici finissent mes travaux, allez plus loin.

Ce fut de là aussi que le roi, jaloux de tant de pompe, se dit : J'étendrai ma main sur ce château orgueilleux, et il tombera comme celui qui l'habite ; j'épancherai ces eaux, et elles disparaîtront comme celui qui les a ramassées ; elles et lui ne se retrouveront plus. Celles-ci seront le désespoir du voyageur, celui-là de l'histoire. J'en donne ma parole de roi.

Qui n'eût pas été roi eût éprouvé une délicieuse rêverie à l'aspect de ces femmes saisies de respect, d'amour et de silence, au bord des bassins limpides et agités comme elles, blanches comme leurs parures, fraîches comme des naïades, presque endormies à la pluie monotone des cascades, à la fraîcheur assoupissante de la nuit.

Chaque minute a sa surprise.

Les eaux changent de couleur, elles en seront plus visibles. Elles s'élancent maintenant rouges, jaunes, vertes, mélangées. Un instant elles défient la nuit.

D'autres eaux deviennent harmonieuses. Un Apollon de marbre renvoie de sa harpe des vibrations sonores : l'eau a effleuré les cordes de cristal de l'instrument, il chante.

Puis tout cesse, — tout retombe. Les bassins reprennent leur niveau, des barques dorées sont lancées, des femmes s'y penchent, et, nautiles armées d'éventails, elles se croisent en tous sens avant de débarquer à l'extrémité du canal.

Une étoile luit, la cloche sonne : c'est l'heure du dîner, on remonte au château.

Et cela ne s'est plus revu.

La malédiction du roi a été puissante. L'eau a séché comme la pluie sur une tôle brûlante; les jets d'eau sont rentrés dans la terre; pas plus de trace que du déluge.

Les pierres des bassins ont été arrachées; elles sont éparses partout. Le canal est resté, la poêle et le miroir aussi. Mais la poêle est un pré, le miroir ne réfléchirait pas le soleil. Dérision! Je ne sais quel ciseau a creusé dans le flanc des sept rochers de la grotte des lignes qui simulent la chute de l'eau. Eau sculptée, fraîcheur en peinture. Deux monstrueux lions de marbre, caressant deux écureuils, — toujours Fouquet et Louis XIV, — gardaient et gardent encore les marches de la terrasse dont j'ai parlé. Un cerisier voisin a passé l'une de ses branches sous le ventre du terrible animal et le porte. Dans quelques années, le cerisier, devenu fort, aura renversé le lion de son socle. Ces marches, modèles du grand escalier de Versailles, tremblent aujourd'hui et chancellent sur l'herbe qui les déchausse. Savez-vous qui les gravit depuis que Louis XIV et Fouquet, Henriette d'Angleterre et mademoiselle de La Vallière y ont laissé leur empreinte? savez-vous qui? des milliers de couleuvres. Les couleuvres, armes vivantes de Colbert!

Voyageur fatigué et mourant de soif, j'ai inutilement cherché un peu d'eau pour me désaltérer dans ce château, qui dépensa huit millions pour avoir de l'eau.

VI

Mignard a décoré le salon d'été, où le dîner allait être servi. Parfaitement conservé, il est tel qu'el aujourd'hui. La pièce qui le précède est voûtée, et porte pour ornemens des rosaces d'or épanouies au fond d'encadremens en saillie.

Jamais allégorie ne justifia mieux sa destination

que celle qui se multiplie à l'infini sous les lambris du salon d'été. Père et mère naturels de tout ce qu'on mange et boit, le Commerce et l'Abondance, toujours fort beaux en peinture, flottent au plafond, au centre des incalculables subdivisions gastronomiques qu'ils engendrent. Ce sont les incarnations de Brama en matière de comestibles. L'effet n'en est pas heureux, et, malgré la poésie des emblèmes, qui voile un peu le matérialisme des choses représentées, on dirait la galerie de peinture d'un maître-d'hôtel retiré dans son château.

Disposé pour recevoir les personnes que le roi voulait bien honorer de sa table, un cercle de chaises était le seul indice des approches du dîner. La symétrie des places traçait le vide de la table, mais il n'y en avait pas. Où donc poseraient les mets?

Le roi s'assit, invitant son frère, sa mère et sa belle-sœur, Dangeau et quelques favoris, à prendre place à ses côtés.

Fouquet obtint de Louis XIV la faveur de le servir, debout, derrière le fauteuil.

Dès que les convives furent assis, sur un signe de Fouquet, le plafond descendit lentement et au son d'une musique douce. A hauteur voulue, la table aérienne, chargée de flambeaux, fumante des mets qu'elle portait, s'arrêta. Un autre plafond avait remplacé celui qui s'était détaché. On attendit que le roi applaudit à ce coup de baguette féerique du surintendant.

Le roi applaudit, ce fut un murmure d'éloges.

Pour n'être pas descendues du plafond, les autres tables n'étaient pas moins fastueusement couvertes. On en avait dressé dans la salle des Gardes, sous les marroniers, dans les parterres, dans la cour d'Honneur et dans la cour des Bornes.

Vatel et ses aides avaient pourvu à la confection de ce prodigieux dîner, le même Vatel qui se tua quelques années après à Chantilly, désespéré de ne voir pas arriver la marée à temps.

A Vaux, la marée fut fidèle à Vatel. D'ailleurs les précautions étaient si bien prises que, si les poissons de la rivière venaient à manquer, ceux de l'Océan du moins répareraient l'échec. Fouquet avait enfermé vivans, dans un bassin d'eau de mer, des saumons, des esturgeons et plusieurs dorades. On lit dans La Fontaine une épître à l'un de ces saumons.

Quand l'officier de la bouche se présenta pour faire, selon l'usage, l'essai des viandes et des boissons, le roi l'écarta, et, d'un sourire qui alla au cœur du surintendant, il sembla lui dire : Chez vous, mon hôte, j'ai pleine confiance, je vous le prouve.

La sensualité du temps n'était pas montée au degré d'aujourd'hui ; l'art de fondre en une saveur indéfinissable mille saveurs était dans l'enfance, quoique les cuisines souterraines de Vaux soient des monumens. L'eau des fossés les entoure, des voûtes de pierre les couvrent. Un cavalier et son cheval auraient assez d'espace pour se promener sous le manteau des cheminées. Un bœuf y rôtissait à l'aise. Des broches géantes, vieilles armures de cuisine, rouillées au râtelier, attestent ce qu'on mangeait au château et ce qu'on n'y mange plus.

Sur un plat d'argent qui couvrit la table, on servit un sanglier tout entier dont on avait doré les défenses.

A mesure qu'on enlevait les porcelaines et les cristaux, des domestiques les jetaient dans les fossés, comme trop dignes, après l'usage qu'on en avait fait, pour servir à d'autres banquets.

Au dessert, le roi ne manqua pas de parler de la chasse, son entretien de prédilection :

— Monsieur de Belle-Isle, vos parcs sont-ils giboyeux ?

— Sire, ils le sont peu. Votre majesté n'ignore pas que, plantés depuis à peine quatre ans, ils n'offrent encore ni assez d'ombre ni assez d'abri aux cerfs et aux sangliers.

— C'est dommage, l'emplacement est bon.

— Sire, je le croyais comme vous.

— Et qui donc n'est pas de notre avis ?

— Quelqu'un de peu , sire.

— Cela doit être.

Appelez M. de Soyecourt, le plus effréné chasseur de notre royaume. Est-il ici?

— Sire , toute la noblesse de votre maison vous entoure.

— Qu'on l'introduise , je vous prie.

M. de Soyecourt parut.

— Que pensez-vous , monsieur , vous dont les lumières sont si justes là-dessus, du parc de M. de Belle-Isle?

En réponse, M. de Soyecourt entama une description du parc et des parcs en général, si longue et si pédante, de la chasse et de toutes les chasses, que Louis XIV pria le surintendant de faire venir Molière. Sur ce que Fouquet rappela au roi que Molière était un comédien et non un chasseur : — Et ne trouvez-vous donc pas que j'ai raison, répliqua le roi, de mander M. Molière?

Le pauvre comédien reçut l'ordre d'écouter à la porte les paroles ridicules qui échapperaient à M. de Soyecourt. L'intention du roi fut admirablement comprise. Trois heures après, Louis XIV reconnut et applaudit dans Dorante ce *fâcheux* parlant toujours de la chasse, le personnage de M. de Soyecourt qu'il avait lui-même indiqué. Cet excellent trait de la comédie des *Fâcheux* appartient à Louis XIV.

Bref, M. de Soyecourt fut d'avis que le parc de M. de Belle-Isle était excellent. Enivré de la conversation qu'il avait eue avec le roi, il se retira glorieux comme s'il eût tué un cerf dix-cors.

— Mais nommez-nous donc, monsieur de Belle-Isle, le difficile chasseur qui a médit de votre parc.

— Sire, c'est mon jardinier.

— Le Nôtre, celui même qui l'a tracé avec tant de génie? Mais que je le voie.

— Sire, il va vous être présenté. Votre majesté aura l'indulgence d'excuser son costume et ses propos; c'est un paysan.

Parut en effet un paysan de cinquante ans environ, en veste, en gros souliers, roulant son chapeau entre ses doigts, tremblant et pâle, regardant au plafond.

— Vous avez, mon ami, avancé une opinion que nous ne partageons pas.

— Mon roi, c'est possible.

— Sur quoi avez-vous établi que le parc de M. de Belle-Isle n'était pas propre à la chasse?

— Mon roi, c'est que, si j'eusse dit le contraire, les chasseurs m'auraient dégradé mon pauvre par avec leurs chevaux et leurs chiens. Nos arbres sont

jeunes, il faut les épargner. Et voilà toute l'histoire.

— C'était donc un mensonge?

— Sans doute, mon roi ; mais gardez le secret,
demain on chasserait la grosse bête dedans.

Le Nôtre, croyant la conversation finie, mit son
chapeau et se dirigea vers la porte.

— Monsieur Le Nôtre !

— Mon roi !

— Vous allez me bâtir un château.

— Deux, mon roi.

— L'un à Versailles , l'autre à Trianon.

— Sire, une façade et deux ailes; voûte. A droite
une pièce d'eau, à gauche une orangerie ; parc de
gazon, galerie, quatre lieues d'horizon.

— 20,000 livres, Le Nôtre.

— Mon roi, ce n'est pas assez.

— Mais pour vous, Le Nôtre?

— Mon roi, c'est trop.

— Un escalier de géant, Le Nôtre.

— Par où vous monterez, mon roi.

— 20,000 livres pour toi, Le Nôtre.

(Fouquet dit à voix basse :) Découvrez-vous, Le
Nôtre, vous parlez au roi.

— Oh! pardon. Tenez-moi donc un instant mon
chapeau.

Fouquet tint le chapeau; la cour était ébahie.

— Le Nôtre, des fontaines de marbre.

— De bronze, mon roi.

— Une terrasse, Le Nôtre.

— Au pied de l'escalier, mon roi.

— 20,000 livres pour toi, Le Nôtre.

— Un canal grand comme une mer.

— Eh mais! il n'y a pas d'eau!

— Elle montera de Marly. A défaut, nous avons l'Océan, mon roi.

— 20,000 livres pour toi, Le Nôtre.

— Je ne dis plus rien, je vous ruinerais, mon roi.

— Je vous fais chevalier, je vous anoblis, Le Nôtre.

— Il faudra trois mille pieds d'orangers pour une serre au bas du grand escalier, mon roi.

— Je vous donne la croix de Saint-Michel, Le Nôtre.

— A quand les maçons, mon roi?

— A bientôt.

— Mon roi, je t'aime.

Et Le Nôtre se jeta au cou du roi.

Fouquet, épouvanté de cette familiarité, s'efforça de le retenir.

— Laissez, monsieur de Belle-Isle, c'est l'accolade de chevalier.

Le plan du palais de Versailles était arrêté.

Un homme encore jeune, à la livrée du surintendant, se posa en face du roi, tenant un objet voilé sur ses bras.

— Votre majesté permet-elle qu'on découvre ce tableau ?

Le roi fit un signe d'assentiment.

Et le portrait de Louis XIV, revêtu du costume qu'il portait ce jour-là, rendu avec la plus fidèle ressemblance, suspendit l'admiration si intelligente de la cour. En huit heures ce chef-d'œuvre, dont le Louvre a hérité, était sorti, pour ne plus périr, du pinceau du jeune artiste.

— C'est bien, s'écria Louis XIV.

Le tableau tremblait sur les bras émus du peintre. Il lui échappait.

Madame Henriette se leva, le fixa par la bordure sur son genou, et le tint en équilibre par l'anneau du cadre, afin que le roi le vît mieux.

— Oui, c'est très-bien. Il y manque pourtant quelque chose, messieurs.

On était attentif aux critiques du roi.

— La signature du peintre.

Avec la pointe d'un couteau le peintre écrivit dans l'épaisseur de la couleur encore fraîche : *Lebrun.*

— Ajoutez, monsieur Lebrun : premier peintre du roi.

— Remerciez votre souverain, monsieur Lebrun, de la gloire qu'il fait à votre talent ; moi, je vous remercie ici de celle qui rejaillit par vous sur ma maison.

Accompagné du surintendant jusqu'à la dernière pièce, Lebrun se retira.

— Voyez-vous, ma mère, si je profite de vos conseils ? Je souffre à voir la magnificence de cet homme. Mais je lui ai déjà enlevé les plus beaux joyaux de son orgueil : Lebrun, Le Nôtre, Le Vau, sont à moi. Nous jouerons de malheur si nous n'égalons pas, roi de France, la somptuosité d'un surintendant.

— Silence, mon fils : où les plafonds descendent, les planchers peuvent s'écrouler.

— Ceci me lasse ; ce luxe m'outrage, je veux sortir.

— Vous resterez. L'emportement fit à Versailles la *journée des dupes*, la finesse en eut tout l'avantage. Vaux profitera de l'expérience de Versailles.

—Quoi ! je porte le fer et la flamme dans la moindre province rebelle qui refuse la taille, et je souffrirai avec complaisance qu'on dévore six provinces dans ce château !

—Celui qui aurait le château aurait les six provinces.

—Oui, celui...

Une musique légère, qui retentit dans l'anti-chambre, couvrit les paroles à demi-voix dites par le roi à sa mère ; et parut Fouquet, qui demanda la permission de présenter à leurs majestés la nymphe de Vaux en personne.

La nymphe, qui n'avait modifié son costume de demoiselle d'honneur de Madame que par deux ailes blanches attachées à ses épaules, et qui était mademoiselle de La Vallière, remit au roi un rouleau de parchemin, l'invitant à lire.

Le roi lut, sourit, et passa l'écrit à sa mère.

—Monsieur de Belle-Isle, dit le roi, je vous remercie, au nom du dauphin, si le ciel doit nous en envoyer un, du don que vous lui faites du château de Vaux et de ses dépendances. Il sera temps de le lui offrir quand il sera en mesure d'accepter lui-même. Jusque là gardez ce château, que vous avez rendu si beau par vos soins, et dont vous faites si bien les honneurs. Nous tiendrons compte de l'offre, mais c'est tout ce que nous retenons.

Fouquet se précipita aux genoux du roi et lui baisa la main.

Dans les yeux d'Anne d'Autriche son fils put lire : « Tu seras un grand roi. »

Tempérant les paroles graves qu'il avait prononcées, Louis XIV ajouta : Les nymphes, mademoiselle de La Vallière, font aussi partie du château.

—Sire, répondit naïvement la demoiselle d'honneur, je vous appartiens.

Le roi se leva, le dîner était fini.

D'une santé délicate et maladive, Madame Henriette obtint du roi de retourner à Fontainebleau. Elle partit.

Dangeau écrivit dans un coin sur les tablettes qu'il destinait à ses mémoires, où il recueillait jour par jour les faits et gestes importans du règne :

« Au dîner du sieur Fouquet, le 17 août 1661, il y avait une superbe montagne de confitures. »

VII

Plusieurs seigneurs avaient été mis dans le secret de la surprise ménagée au roi après le repas.

Au milieu de la confusion qui suit le dessert, un cor se fit entendre ; il sonnait le départ pour la chasse, la fanfare matinale. —N'est-ce pas le bruit du cor? s'informa le roi. Des chiens s'élancèrent en aboyant dans les salons. —Sire, pardonnez la surprise, c'est la chasse. —Êtes-vous gais, messieurs? la chasse! —Oui, sire, la chasse aux flambeaux. —

Y songez-vous ? il est nuit, et certes nous n'allons pas, que je pense, en habits de soie et en jabots, courre le cerf ? Vous êtes jeunes, messieurs, et nous sortons de table.

Les chiens aboyaient toujours, les fouets claquaient et faisaient vaciller les lumières ; les cors ne cessaient de retentir ; les domestiques couraient en désordre d'appartement en appartement, armés de torches. On offrit au roi un fusil. Trente chasseurs se présentèrent en même temps, piqueur en tête. Les dames se réfugièrent dans la salle des Gardes, où elles s'enfermèrent, et d'où elles purent voir à travers les carreaux ce qui allait se passer.

—M'apprendra-t-on à la fin ce que c'est ? s'écria le roi impatienté, tenant son fusil dans l'attitude la plus embarrassée.

Un cerf bondit devant lui et renverse deux flambeaux de la table.

—A vous, sire !

Le roi comprit alors qu'on avait lâché du gibier dans le château, et que c'était sérieusement une chasse au salon.

Il s'exécuta de bonne grâce.

Jeune comme les autres, fou de la chasse, il poursuivit le cerf de pièce en pièce, s'embusqua aux portes, se perdit dans les corridors, entraîné par la fuite de la bête. D'autres cerfs descendaient les marches : des nuées d'oiseaux volaient partout, tourbillonnaient dans la rampe ; les faisans sortaient de dessous les fauteuils ; des lièvres se cognaient aux portes.

Le carnage commence.

Des cerfs tombent sur des tapis, et des renards expirent dans des bergères. Ne trouvant aucune issue, traqués de toutes parts, des chevreuils en démence se précipitent par les croisées ouvertes et illuminées. Du dehors on applaudit, du dedans on tire au vol sur le chevreuil, qui roule souvent dans les fossés. On ne craignait pas de briser les glaces ; à cette époque il n'y avait pas de glaces dans les salons. On ne courait que le risque de souiller des tapis de cinquante mille livres, ou de mutiler des corniches dorées.

A travers leur cage transparente, les dames étaient témoins de ce spectacle, qui n'était pas sans effroi pour elles. On riait, on tremblait. Souvent les vitres brisées, les bourres enflammées, l'oiseau atteint, volaient au loin dans la cour.

Pour mieux voir, les laquais étaient montés sur leurs siéges et sur le dôme des chaises à porteur.

Les rideaux eurent beaucoup à souffrir : les cerfs cherchaient un refuge dans les vastes plis de leur colonne soyeuse, et, dans ce fourreau qui les étouffait, ils se livraient bondissans à leurs ennemis.

Plus heureux, beaucoup de lièvres et de faisans s'en allèrent par la cheminée.

Cette chasse dura vingt minutes. Les cors sonnèrent la fin du combat. On exposa devant les dames le résultat de la victoire : quelques cerfs étourdis, quelques oiseaux revenus déjà de leur frayeur. Bien des reproches d'imprudence furent effacés. Les armes n'avaient été chargées qu'avec des balles de liége ; ainsi pas une goutte de sang n'avait coulé.

Après quelques minutes de repos, en hôte délicat, qui comprend qu'un plaisir plus calme doit succéder à une émotion fatigante, Fouquet proposa de se rendre à la comédie. — On s'y rendit.

La Fontaine était exact lorsqu'il écrivait à son ami, M. de Maucroix, dans la *Relation de la fête donnée à Vaux*, que « le souper fini, la comédie eut son tour ; qu'on avait dressé le théâtre au bas de l'allée des Sapins. »

L'allée des Sapins existe encore. Elle est noire et répand une forte odeur de résine. Découpées par tranches horizontales et s'évasant en piramides, les branches panachées se pressent et se rapprochent. Il faut près d'une demi-heure à parcourir l'allée des Sapins de son point de départ du château, où elle prend, pour le perdre plus loin, le nom d'allée des Portiques : à son extrémité occidentale, est le spacieux hémicycle où *les Fâcheux* de Molière furent représentés pour la première fois.

Aujourd'hui couvert de jeunes arbres plantés en quinconce, seule altération qu'il ait subie, cet emplacement contiendrait deux mille personnes, en les supposant placées avec toute la liberté des spectateurs de cour. Je me suis assuré, mademoiselle Scudéry d'une main et La Fontaine de l'autre, que c'était rigoureusement là, et non ailleurs, que *les Fâcheux* avaient été joués.

Quoique l'allée des Sapins ait deux versans, il est impossible de placer la scène à celui qui touche au château. Là elle n'est pas encore allée des Sapins, mais des Portiques. Ce point reconnu, *les Fâcheux* n'auraient pu être joués ni plus près ni plus loin. Plus près, ce serait l'allée même, et non le bout ; plus loin le terrain manque. Au-dessous sont les eaux.

C'est donc là que Molière, il y a près de deux siècles, pauvre comédien courant la province, vint peut-être à pied pour jouer devant son roi. Qu'il serait curieux de savoir s'il passa par Melun ! de connaître le cabaret où il s'arrêta pour corriger quatre vers au crayon, boire un verre de vin et se remettre en route ! Mais, à coup sûr, il a foulé cette allée des Sapins ; là son coude a effleuré ; là son pied a posé ; là sa bouche a parlé. Molière a parlé ici, dans cet air, dans cet espace! Ce soleil qui se couche éclaira sa face sublime le 17 août 1661!

La pièce fut jouée aux flambeaux et devant des spectateurs échelonnés sur trois rangs.

Le roi occupait le centre, assis dans un fauteuil; à sa droite était la reine-mère; un peu au-dessous de lui, Monsieur et le prince de Condé avaient deux siéges. Le rang qui se prolongeait à la droite et à la gauche du roi n'était composé que de dames. Madame Fouquet venait après la reine. Derrière les dames étaient les ambassadeurs. Beaucoup de seigneurs qui n'avaient pas trouvé à se placer se pressaient au bout des allées, disputaient un courant d'air entre deux épaules pour voir ou pour entendre; d'autres avaient grimpé aux arbres, et planaient de là sur ce cercle, au milieu duquel un seul homme était de bout :

Molière!

« D'abord que la toile fut levée, un des acteurs, » comme vous pourriez dire moi (Molière, *les* » *Fâcheux, Avertissement*), parut sur le théâtre » en habit de ville, et, s'adressant au roi avec le » visage d'un homme surpris, fit des excuses du » désordre de ce qu'il se trouvait là seul, et man- » quait de temps et d'acteurs pour donner à sa » majesté le divertissement qu'elle semblait atten- » dre. En même temps, au milieu de vingt jets

» d'eau naturels, s'ouvrit cette coquille que tout
» le monde a vue, et l'agréable naïade (mademoi-
» selle Béjart, plus tard femme de Molière), qui
» parut dedans, s'avança au bord du théâtre, et
» d'un air héroïque prononça les vers que M. Pé-
» lisson avait faits, et qui servent de prologue. »

Tout homme a une haine profonde, c'est son génie. Molière eut celle de l'aristocratie ; il la heurta
et la foula sous toutes ses formes. Les détours qu'il
prend sont admirables. La comédie qu'on ne lit
pas est la véritable dans Molière. Prenez-y garde,
sans cette seconde vue, la meilleure partie de son
talent va vous glisser entre les doigts, et il nevous
restera plus qu'une bouffonnerie prise à Boccace,
à l'Italie, à l'Espagne. On a dit que Molière « con-
stituait à lui seul toute l'opposition de son temps. »
Nous recueillons l'aveu.

Ouvrez *le Bourgeois gentilhomme*. Un bourgeois prend un maître de musique, un maître de
philosophie, un maître à danser ; il faut verser jusqu'à sa dernière larme de rire à ce bon M. Jourdain prononçant des U et des O, donnant de gros
diamans à Dorimène, croyant que le fils du Grand-
Turc est arrivé pour épouser sa fille Lucile, embrassant le mahométisme, et tout cela pour être
un homme de qualité ; c'est d'un comique rare. La
leçon est haute pour la bourgeoisie qui tend à sor-

tir de la boutique. Tous les Jourdains de la porte
des Innocens se cachèrent de honte. C'est ce que
vous croyez. La part faite du rire, ce comique
étend sur la claie Dorante, gentilhomme, et non
Jourdain le bourgeois : Dorante, gentilhomme et
emprunteur qui ne rend pas ; Dorante, gentilhomme, et perturbateur des familles ; Dorante,
gentilhomme et pourvoyeur de Dorimène ; Dorante, gentilhomme et profanateur de noblesse.
Jourdain n'est que ridicule, Dorante est infâme.
Demain Jourdain aunera du drap sous les piliers
des Halles, demain Dorante sera à la Bastille, s'il
n'est en Grève. Eh bien ! dites maintenant : de
Jourdain ou de Dorante, quel est celui que Molière
a voulu sacrifier ?

Allez plus loin. Jusqu'au jour où M. Jourdain
a pris à sa solde ces maîtres si ridicules, qui donc
s'est formé à leurs leçons ? N'est-ce pas la noblesse?
Par ce que savent ces maîtres, jugez ce qu'ils ont
enseigné, jugez leurs élèves.

Allez plus loin. Au bourgeois gentilhomme, si
ridicule qu'il en est faux, du moins impossible,
opposez sa femme, qui est la raison même. Dans
M. Jourdain, Molière a immolé au rire la bourgeoisie qui n'existait pas, pour mieux faire triompher,
dans madame Jourdain, la véritable bourgeoisie.

—Quelle pureté, quelle dignité de mœurs, quelle

prudence dans cette femme ! Descendons-nous tous deux que de bonne bourgeoisie ? Quelle vertu dans cette mère ! « Je ne veux point qu'un gendre puisse » reprocher ses parens à ma fille, et qu'elle ait des » enfans qui aient honte de m'appeler leur grand'- » maman. » Qui ne serait honoré d'avoir la fille de M. Jourdain pour sœur, madame Jourdain pour mère ?

Allez plus loin encore. Demain le fils de M. Jourdain aura aussi des maîtres de philosophie ; mais avec la jeunesse il aura le loisir de faire une plus sage application de ses études ; il n'écrira plus comme son père à la marquise *que ses yeux le font mourir d'amour ;* mais il publiera un livre qui commencera par ces mots : « L'homme est né libre, et partout il est dans les fers. » Demain il aura un maître d'armes le fils de M. Jourdain, et il appellera Dorante en duel, et Dorante sera tué. Une révolution sera consommée. Avez-vous ainsi compris Molière ?

Ainsi, dans Molière, vous l'avez remarqué, l'homme ridicule, celui qu'il souflette en public, n'est jamais l'homme coupable, celui qu'il déshonore en secret. De là, chez lui, le mensonge dont il avait besoin, et qui n'a que trop été pris à la lettre, d'amuser aux dépens de ceux dont il défend le rang, les mœurs et la vertu.

Molière a couronné la classe intermédiaire. La fidélité conjugale, la probité dans le commerce, la raison dans le langage, la justesse dans le goût, la prudence dans la conduite, la tolérance dans la religion, toutes les vertus sociales ont été placées par Molière dans cette classe. Après Richelieu, Molière est l'homme qui a porté le coup le plus vif au privilége de la naissance. Il a surtout, en moraliste habile, déshonoré la femme de la société noble; il ne l'a montrée que pour l'écraser du parallèle de la femme de la bourgeoisie. On ne trouve pas une seule fois dans ces tableaux, où tant de créations admirables se pressent, et toutes distinctes comme celles que Dieu crée, une haute vertu de marquise ou de duchesse. Chez lui le titre emporte raillerie forcée; il renverse la pyramide sociale des temps anciens, il en met la base fruste au ciel, la pointe de granit dans la boue. Vienne un autre comédien comme lui, au génie près, un Collot-d'Herbois, et la pyramide sera renversée dans le sang.

L'imagination reçoit ses principaux affluens du Midi, patrie du soleil et des femmes, où le soleil ne se couche jamais! Elle y mûrit vite, et se couvre de fleurs de bonne heure. Au Midi tout a sa note, son degré de plus qu'au Nord. La parole méridionale est un chant, le chant une extase: le vin le plus léger enivre, l'eau égaie; l'odeur du thym, si fade au Nord , assoupit sur les rocs de Grasse et de Naples. Dans l'organisme français, l'élément méridional est la couleur. Otez de la France la Loire, la bande des Pyrénées et la Provence, et la France devient allemande ou anglaise : il y fait sombre. Molière relève du Midi, sinon par sa naissance, ce que nous avouons, allant au-devant d'une objection, du moins et pleinement par ses œuvres. Le Nord est inconnu à Molière. Ce qu'il n'emprunte pas aux Latins et aux Grecs, il le demande à la verve méridionale. Certainement il n'y puise pas la raison froide du *Misantrope*, la raillerie quintessenciée des *Femmes savantes* et des *Précieuses ridicules ;* mais il en rapporte l'athéisme de don Juan, la bouffonnerie limousine de M. de Pourceaugnac, la noblesse empesée de la comtesse d'Escarbagnas; ces caractères sont-ils du Nord, à votre avis? Des maîtres passez aux valets : à qui Molière doit-il cette grande famille de roués? Mascarille , traduction domestique de tous les *Davus* de Térence, après avoir été Latin', devient Sicilien dans *l'Étourdi*, et ne perd à cette métamorphose ni son astuce originelle ni sa faiblesse à protéger les fils de patriciens qui ont des pistoles. Sera-ce dans la domesticité du Nord, moitié suisse, moitié picarde, que vous trouverez des Mascarilles? (Tout au plus des Gros-René, serviteurs parisiens

et mous;) des Sbrigani, ces fripons si spirituels;
et des Scapins, ces Italiens qui sont la parodie d'un
tableau dont Casanova de Seingalt est le modèle?

Avait-il les yeux tournés au Nord, Molière, lorsqu'il peignait constamment des mœurs aérées et
inondées de lumière? Il noue ses intrigues aux fenêtres : les fenêtres du Nord! — sur le banc des
portes, à minuit, — minuit à Paris, où il gèle
neuf mois sur douze! il gratifie Paris de la latitude
de Madrid et de Florence. La place publique sert
presque toujours d'occasion à ses enchevêtremens
dramatiques, copiant textuellement la mise en
scène de Boccace et de Lopez de Vega. Ne sont-ce
pas là des préoccupations d'homme qui, par instinct
ou d'intention, rend la comédie inséparable du ciel,
des mœurs du Midi, où il puise tout, et sa forme
d'écrivain, ses ressources de penseur, ses caractères et sa gaieté, don plus beau que son génie?

VIII

Tandis que la comédie s'achève à la lueur des
flambeaux, ceux qui n'ont pas eu de place pour

l'écouter promènent la vivacité du dessert dans les parterres sombres et sous les fraîches solitudes du parc. Les cavaliers s'éparpillent par groupes, les dames par essaims. Sans se connaître, on se croise pour se jeter des agaceries, des dragées et des fleurs. Jamais plus belle soirée.

Une jeune femme va seule, se hâtant de mettre le plus d'éloignement possible entre elle et ces bruits et ces clartés qui offensent ses sens délicats. Elle a peur de ne pas regagner assez tôt sa tristesse; derrière les allées sombres elle laisse les allées sombres, jusqu'à ce qu'elle n'entende plus que le froissement de sa robe, et qu'elle ne distingue plus que l'éclat de ses diamans, projetant des feux devant elle. Alors elle ralentit sa marche, assure son haleine, et soulève, de ses doigts pensifs, ses cheveux sur son front; sa main s'y fixe.

Vous avez vu quelquefois, dans les matinées de printemps, ces soies blanches flottantes dans l'air, ces fils de la Vierge qui, descendus d'un rouet invisible et céleste, s'attachent au chêne du chemin, retombent en écheveaux sur le gazon ou les blés naissans, et se fixent par des clous de rosée à la pointe d'un épi. C'est un réseau immense que brise un moucheron. La pensée de mademoiselle de La Vallière est ainsi vaste, frêle et craintive; cette pensée arrête tout ce qui passe; mais tout ce qui passe la déchire sans l'emporter. Elle aime le roi , mais de cet amour ardent et religieux qu'elle voua plus tard au ciel ; amour si haut que la prière seule y mène. Des rois ont aimé : quelle femme a jamais osé aimer un roi? quelle est celle qui l'a fait sans mentir à elle-même, sans prendre le sceptre pour la main?

Elle succomba, mademoiselle de La Vallière.

L'exigence historique nous oblige à ne montrer qu'un coin de cette passion si calme à la surface, si agitée au fond. Mademoiselle de La Vallière n'entra dans la couche royale que le jour où Fouquet s'étendit sur la paille de la Bastille ; et nous n'écrivons qu'un moment de la vie de Fouquet.

Une cloche tinta ; le vent en apportait le bruit du Maincy, petit village situé au bout du parc. La demoiselle d'honneur s'agenouilla sur la terre, et, tandis que bourdonnait l'orgie royale, elle exhala un cantique tout empreint du remords d'une faute qui n'était pas encore commise, que l'expiation précédait.

Elle se sentit déjà grande et misérable, elle pleura.

Ce cantique est tout ce que l'air a retenu de la fête. Qu'au coucher du soleil le voyageur s'asseye et écoute, il entendra sortir du fond du château la prière vespérale de cent cinquante pauvres enfans.

La prière des enfans sur les ruines d'un tel château ! Tout a été frappé de mort, hôtes, palais, fleurs, statues, eaux, les seigneurs dorés, les femmes nues ; mais la prière aux ailes blanches de La Vallière est restée vivante, immortelle ! La fête est finie : la prière dure encore.

Enveloppés dans les plis d'un manteau de soie, un homme et une femme, celle-ci le visage caché dans un loup, suivaient, à la distance de deux allées parallèles, les pas tantôt rapides, tantôt mesurés, de mademoiselle de La Vallière.

Elle poussa un cri lorsqu'elle vit s'approcher d'elle la femme masquée, et presque en même temps un cavalier dont les plumes et les dorures luisaient dans l'ombre.

Par politesse, le cavalier s'arrêta, et laissa, non sans quelque mouvement d'impatience, le champ libre à la dame qui l'avait devancé. Elle ôta alors son masque et s'enfonça dans l'allée avec mademoiselle de La Vallière.

Le cavalier les suivit.

Dès que la dame fut partie, le cavalier, comme chose convenue, prit la place qu'elle occupait.

A trois fois cette scène se renouvela.

A la dernière rencontre, le cavalier dit à la dame :

— Il est inutile, madame, de fatiguer davantage mademoiselle de La Vallière. Mon faible mérite l'emporte. Daignez rentrer ; le serein vous hâlerait.

— J'allais vous le conseiller, monsieur le duc.

— Très-bien, madame ; l'ironie sied aux vaincus : c'est leur dernière arme.

— Monsieur le duc, vous finirez par y exceller.

—Malicieuse ! après la peine que vous avez eue, je conçois que vous éprouviez quelque dépit à battre en retraite ; mais, encore une fois, chère dame, toutes les campagnes ne sont pas aussi funestes.

— Voudriez-vous me persuader, monsieur le duc, que vous sortez toujours vainqueur de celles où l'on ne tire pas l'épée ?

— Je me fâcherais si chacun ne savait que j'ai servi le roi.

— Comment donc ! mais vous êtes en pleine activité à cette heure ; et si, à l'exemple de son frère d'Angleterre, qui a institué l'ordre du Bain, le roi crée l'ordre du Bougeoir, vous serez nommé commandeur.

— Le roi m'estime.

—Un peu moins que la reine, n'est-ce pas, monsieur le duc ?

— Est-ce que madame de Bellière n'a pas la nuit de filles à surveiller au logis ?

— Et monsieur de Saint-Aignan, point de fils à qui transmettre ses leçons de conduite ?

—Madame, je vous comprends ; mais, quels que

soient les services qu'on rend à son prince, ils ennoblissent.

— Alors, monsieur le duc, vous, qui avez si bien l'esprit de corps, soyez assez généreux pour me croire digne de rivaliser avec vous auprès du prince. Accordez-moi la survivance.

— Prenez garde, madame, je dirai tout au roi.

— Non, car je rapporterais tout à la reine; et vous voulez être gouverneur du futur dauphin, je le sais. — Tenez, faisons la paix, duc! Les gens comme nous n'ont qu'un moyen de prouver qu'ils se détestent; — c'est de vivre en paix. Embrassons-nous.

— Il le faut bien, madame; mais allez bien vite consoler ce pauvre surintendant.

— Adieu, mon maître!

— Adieu, méchante!

Il résultait de la prétention à la victoire que s'attribuaient réciproquement madame de Bellière et M. de Saint-Aignan, que mademoiselle de La Vallière ne s'était compromise par aucune réponse décisive.

L'immorale histoire assigne le chiffre corrupteur de Fouquet : quarante mille pistoles, ou quatre cent mille livres. — Un million aujourd'hui!

Saint-Aignan courut vers le roi pour lui dire : « Elle est à vous, sire! »

Madame de Bellière alla où Fouquet l'attendait, et lui dit : « Elle est à vous, vicomte! »

Dans ce moment on revenait de la comédie, on refluait au parc pour attendre le feu d'artifice.

L'ivresse était dans l'air ; les miracles de cette journée avaient grandi Fouquet à la taille d'un dieu. Au milieu de cette fumée d'encens qui n'était pas pour lui, Louis XIV ne paraissait plus qu'un sombre potentat du Nord visitant quelque souverain des brillantes cours d'Italie. On lui faisait les honneurs de son propre royaume; il frémissait. Des imprudens avaient osé murmurer à ses oreilles : *Vive le premier ministre! Vive le surintendant!*

Le surintendant ne marchait plus sur la terre; la tête lui avait tourné, il était lumineux d'orgueil, il rayonnait. Sa main errante cherchait un sceptre. Fouquet, premier du nom, recevait Louis le quatorzième.

Aussi à peine écouta-t-il la bonne nouvelle, d'abord si impatiemment désirée, que lui apporta madame de Bellière.

Il était écrit que tout le seconderait jusqu'à sa dernière heure.

Une femme passe auprès de lui, c'est mademoiselle de La Vallière! Fouquet l'arrête, il ose la retenir.

— Je vous cherchais ! monsieur de Belle-Isle.

— Bonheur inespéré ! je ne vous attendais pas, moi ! je ne comptais pas sur une faveur si prompte ; vous m'enhardissez. Accordez-m'en une aussi grande, mademoiselle ; gardez-moi jusqu'au retour la foi promise.

—Je ne vous comprends pas ! monsieur le vicomte.

— Sans doute, mais entendez-moi ; maintenant je puis m'ouvrir à vous. Cette nuit je pars, pour ne revenir que dans huit jours ; oui, dans huit jours, vous marcherez l'égale de la reine ! *Où ne monterez-vous pas ?* ma devise devenue la vôtre.

— Monsieur le vicomte, je pourrais vous perdre, je ne vous hais même pas. Reconnaissez-le à l'avis que je vous donne. Partez à l'instant, fuyez d'ici ! ou vous serez enlevé cette nuit, dans une heure !

— On vous a trompée, mademoiselle, et vous aurez des rapports plus fidèles dans une heure. — Comptez sur ce qui vous a été promis, préparez-vous à partager ma grandeur et non ma disgrâce ; c'est d'un autre qu'on aura voulu vous parler, et non de moi.

—D'un autre ! dites-vous ? Vous savez donc qui ? Vous le savez !... Oh ! monsieur le surintendant, je ne prévoyais qu'une injustice, je soupçonne un crime. Vous m'éclairez ; alors, encore une fois, partez ! car Dieu protége la France et sauve toujours le roi.

— Mais qui vous a si bien instruite?

— M. de Saint-Aignan, qui ne vous aime pas.

Mademoiselle de La Vallière disparut, monta les marches du château, y entra.

Fouquet resta frappé de terreur, il eut froid.

Pour la première fois de la journée, il pensa à sa pauvre femme et à ses enfans.

Rentré au château, le roi ne mesura plus sa colère; il traversait à grands pas les appartemens de l'aile gauche. Ses récriminations frappaient sur chaque meuble, sur chaque tableau. Il avait tout au plus dans ce moment la dignité d'un huissier qui saisit un mobilier : Colbert, qui marchait à sa suite, semblait un recors, Séguier un juge de paix. La monarchie dressait l'inventaire d'une banqueroute.

— Encore un salon d'or! murmurait le roi.

— Composé de poutres transversales, ajoutait Colbert.

— Portant le nom de *salon d'hiver*, prenait en note Séguier.

— Ici une bibliothèque.

— Plus une bibliothèque, ajoutait Colbert.

— Ajouter une bibliothèque, écrivait Séguier.

— Messieurs, voici sa chambre.

Aujourd'hui Louis XIV pousserait le même cri. Fouquet seul est absent. La tapisserie de Pékin, plantée de fleurs vertes, qui amusait son réveil et l'emportait en Chine, lorsque les volets étaient fermés, et lorsqu'il voyait marcher autour de sa tête le chœur des peintures de Lebrun, cette tapisserie est encore là. Là est encore son lit, gris et or, petit lit pour un surintendant, et pour un surintendant qu'entouraient je ne sais plus combien de statues gigantesques de stuc en plein relief, attachées à la coupole. Ces misérables dieux se vengeront sur quelque futur possesseur de Vaux du mauvais goût qui les a mis au plafond.

Cette chambre à coucher où s'amoncelle le luxe d'une cathédrale arrêta Louis XIV.

— N'admirez-vous pas, messieurs, cette glace, qui n'a pas d'égale à Fontainebleau?

— Sire, dit Colbert le calculateur, elle a bien deux pieds et demi de hauteur sur deux de large.

Prodige de l'époque, cette glace vaudrait aujourd'hui quinze francs.

De la cheminée, le roi alla vers le lit; et après avoir entr'ouvert les rideaux et soulevé au fond de l'alcôve un voile qui cachait un portrait, il se retourna pour prier Colbert et Séguier de se retirer. Ils n'étaient plus là.

— Ah! vous voilà, Saint-Aignan?

Regardez! — moi, j'en suis indigné, — regardez ce que M. Fouquet possède et cache. Ceci, Saint-Aignan, cria le roi d'une voix terrible, est son arrêt de mort. Courez à d'Artagnan, commandez-lui, au nom du roi de France, de cerner, le pistolet au poing, toutes les issues ; que nul ne sorte d'ici avant moi, sans mon ordre. Mais il a donc donné notre royaume pour avoir mademoiselle de La Vallière ! Le portrait de mademoiselle de La Vallière ici ! Nous voler nos finances, passe ! mais... Tenez, Saint-Aignan, rappelez-moi que je suis Bourbon, je ne me connais plus.

— Sire, ce portrait n'est qu'un indiscret hommage ignoré de mademoiselle de La Vallière.

— Duc, j'ai besoin de vous croire, je vous crois.

— Je n'ignorais pas les prétentions du surintendant.

— Et vous ne m'en avez pas parlé !

— J'accourais tout vous dire.

— De qui donc tenez-vous cela ?

— La présence de madame de Bellière auprès de mademoiselle de La Vallière m'a suffisamment instruit.

— L'exil pour madame de Bellière à cinquante lieues de Paris.

Saint-Aignan ne s'y opposait pas.

— Quant au surintendant, il va recevoir sa récompense. Suivez-moi !

Seules au milieu du corridor, la reine-mère et mademoiselle de La Vallière, celle-ci décolorée, émue, celle-là froide et toujours au-dessus des événemens, s'offrirent au roi, qui les salua, et tenta de passer outre pour cacher son émotion.

— Vous êtes agité, monsieur mon fils.

— Oui, la journée me semble éternelle. Je sors : pardon de vous quitter. L'air m'étouffe ici... je reviens... Mais allez donc, monsieur de Saint-Aignan, où je vous ai commandé.

—Restez, au contraire, vous, monsieur de Saint-Aignan.

— Mais, ma mère, il me semble...

— Que vous êtes roi, mon fils.

— Oui ! un roi qui va non se venger, mais punir.

— Punir quoi ? l'hospitalité ?

— Un homme qui me pèse...

— Votre hôte, mon fils.

— Je vous ordonne, monsieur de Saint-Aignan, de m'obéir. Allez !

Mademoiselle de La Vallière se jeta aux pieds du roi, qui sentit à ses genoux l'haleine brûlante de cet ange.

Et en se courbant, en mêlant sa chevelure noire à la chevelure blonde de mademoiselle de La Vallière, et en la relevant par les deux bras, comme un vase d'albâtre renversé sur le sable, le roi lui dit : — Vous aussi, mademoiselle ! Mais ils l'aiment donc tous ?

— Sire, on n'aime que vous ; on a pitié de tout le monde.

Anne d'Autriche, en même temps qu'elle arrêtait le duc de Saint-Aignan, tenait son fils embrassé par le cou, heureuse de la tendresse qu'elle lui voyait prodiguer à la demoiselle d'honneur de Madame.

— Alors, s'écria Louis XIV, qui par fierté continuait sa colère, j'irai me mettre à cheval à côté de d'Artagnan, et me ferai justice moi-même.

— Grâce, grâce, sire !

— Et pour qui, mademoiselle, cette grâce ?

— Pour vous, sire.

— Pour moi ?

— Oui. Au moindre geste vous êtes perdu ; à la moindre violence enlevé, mort peut-être.

Les lèvres de mademoiselle de La Vallière pâlirent.

Le roi regardait sa mère avec une expression qui semblait dire : — Eh bien ! votre surintendant ?

Anne d'Autriche triomphait. Elle fut moins émue de cette espèce de conjuration contre son fils que du pressant intérêt dont il entourait mademoiselle de La Vallière, à demi évanouie dans ses bras.

Muet d'étonnement, il lui prit la main et la lui baisa.

— Que faut-il faire? demanda-t-il ensuite, les yeux fixement posés sur ceux de sa mère.

— Rien.

— Mais c'est une conspiration, ma mère.

—Raison de plus. Pourtant, comme il faut être prudent, même lorsqu'on en veut à notre vie, rompez une seule des dispositions prises contre vous.

—Laquelle, ma mère?

—La première venue; toutes les autres manqueront. Des conjurés ont trop besoin de leur courage pour avoir de l'esprit. Si je n'avais mortellement chaud, je vous citerais des exemples.

Le roi n'écoutait presque plus sa mère : la résolution de frapper Fouquet sur-le-champ hésitait devant cette première volupté d'obéir à la femme chérie.

—Eh bien, dit-il, demain le jour se lèvera, et de notre palais de Fontainebleau nous saurons atteindre qui nous brave. Demeurez, duc; mais si je consens à remettre ma vengeance, je ne reculerai pas devant une trahison que je méprise. On nous attend au feu, venez!

Anne d'Autriche déploya un énorme éventail et ouvrit la marche avec son fils. Saint-Aignan offrit le bras à mademoiselle de La Vallière, qui cessait d'être demoiselle d'honneur. Le roi l'avait appelée duchesse.

Et tous quatre sortirent du corridor et se présentèrent au seuil du château.

Jamais le roi ne s'était si peu maîtrisé. Le plus grand désordre était dans sa toilette; il souriait avec indignation aux seigneurs et aux dames rangés sur son passage. Le sourire était pour les courtisans, l'indignation pour Fouquet.

Fouquet l'attendait sur les premières marches du perron, un flambeau à la main.

Ils étaient pâles tous deux.

A se voir, ils reculèrent : c'était deux terreurs qui ne comptaient pas l'une sur l'autre. Le surintendant perdit deux marches sous lui, mais, déguisant son attitude décontenancée, il plia le genou et présenta une torche enflammée au roi.

—Sire, c'est la dernière fatigue de la journée. On attend de votre royale main l'embrasement du feu d'artifice. Quand il vous plaira de prendre de la personne qui vous la tiendra prête cette torche enflammée et de la jeter au loin, l'illumination remplacera le feu.

Sans répondre un mot au courtisan accroupi sur les marches de son propre palais, sans daigner lui commander d'un signe de se relever, Louis XIV arracha plutôt qu'il ne reçut le flambeau, et passa. La suite du roi faillit marcher sur le corps de Fouquet.

—Fuyez ! lui soufflaient des voix, fuyez !

—Restez! lui disaient d'autres; périsse le bâtard de Mazarin!

Des femmes attendries lui jetaient des gants humectés de larmes.

Gourville, le saisissant violemment par le collet de l'habit, et le mettant sur pied d'une seule secousse : — Assez de faiblesse, monsieur! On assure que le regard du roi vous a terrassé; à merveille! qu'on le croie! Qu'ils s'endorment dans la pensée que vous êtes foudroyé..... Mais relevez-vous! Entre l'obscurité de la seconde et de la troisième girande vous êtes premier ministre de France, et dans huit jours, en plein soleil, Colbert nous donnera sur les marches du Louvre la répétition de l'affront que vous essuyez sur les degrés de Vaux.

— Dites-vous vrai, Gourville? Est-ce que tout n'est pas perdu? On ne sait rien?

— Rien!

— Mais le roi est troublé.

— Vous l'êtes bien, vous.

— Il peut me perdre.

— Et vous?

— L'ordre est livré, dit-on, de m'arrêter.

— Qu'importe, si le roi est arrêté avant vous?

— O mon Dieu, notre destinée à l'un ou à l'autre dépend donc d'un quart d'heure!

— Non, monseigneur, de dix minutes. Écoutez : la première fusée va illuminer l'espace où nous sommes, qu'on vous entende crier : *Vive le roi!* et qu'on vous voie sourire.

La fusée partit, et en tombant elle éclaira le château et ses quatre façades.

Appuyé sur Gourville, Fouquet, blafard dans son habit rouge, cria : *Vive le Roi!* et sourit.

Tout retomba dans l'obscurité.

De nouveau la population de la fête se précipita dans les parterres sombres pour jouir du feu d'artifice, dont le foyer principal était le dôme de plomb du château.

Le roi suivit une allée éclairée aux lanternes, la seule qui le fût.

Il se mêla à la foule, qu'amusaient, en attendant mieux, des pots à feu décrivant des courbes du dôme à l'extrémité du parc, et des aigrettes qui pleuvaient en gouttes enflammées, et laissaient dans une profonde nuit.

Ces alternatives de jour et d'obscurité étaient ménagées pour les effets des pièces d'artifice.

L'illumination générale ne devait se produire qu'au signal du roi, après l'explosion des douze girandes ou gerbes.

Au moment où se fit une large percée de lumière, le roi se retourne et aperçoit Fouquet à deux pas derrière lui. Il lui sourit avec une grâce infinie. Sur ce simple sourire, Fouquet éprouve des remords. Il tourne la tête de douleur, mais il la ramène aussitôt avec épouvante en apercevant d'Artagnan, le commandant des mousquetaires, à ses côtés.

Comme cette explosion éblouissante s'éteignait, deux mains différentes saisirent dans les ténèbres les deux poignets de Fouquet, qui sentit son cœur venir à rien. Il ferma les yeux.

En les rouvrant au rapide éclair d'un globe de flamme, il reconnut Gourville à sa droite, Pélisson à sa gauche.

A l'heure du danger le poète était là pour mourir.

Nouvelles ténèbres, nouvelles terreurs. On glisse un papier à Gourville, qui le lit au fond de son chapeau à la lueur d'une bombe. « Fouquet est » perdu, il n'a plus qu'une minute. A vous, ses » amis, de le sauver. » Gourville avale le papier.

C'était l'écriture de mademoiselle de La Vallière.

— Allez dire au roi, ordonne Gourville à Fouquet, de se placer sur la terrasse de la Grotte. A la troisième girande il est à nous. La première va s'élancer. Allez !

— Sire, de cette terrasse votre majesté jouirait d'une vue sans pareille, digne de son regard.

— Votre bon plaisir est un ordre, monsieur Fouquet. Je vous précède, messieurs.

Le roi passa : l'homme à la torche le suivait.

Ainsi que l'avaient disposé Gourville et ses complices, le roi se plaça sur la terrasse au milieu des conjurés, qui occupaient aussi les marches.

La première girande jaillit du dôme de plomb, qui, depuis cette formidable pyrotechnie, semble être encore tiède. — On vit en l'air le château de Vaux tout en feu ; un chef-d'œuvre de Torelli, cet architecte qui bâtissait avec du salpêtre, cimentait avec du soufre, et peignait avec des flammes aussi bien que Lebrun avec le pinceau.

Il y eut exaltation dans les bouches, qui proféraient, ardent et unanime, le cri de : *Vive le surintendant !*

Le surintendant eût donné la moitié de sa vie pour ne pas entendre ces hommages de mort.

Le roi pleurait de rage.

Durant l'enthousiasme et l'obscurité profonde qui accompagna l'embrasement, une femme tomba à genoux et pria tout bas pour l'ame du sieur Fouquet.

Gourville se pencha sur le surintendant, et lui dit :

— Encore celle-ci, avant l'autre : Salut, premier ministre !

La seconde girande représenta un berceau de feu porté par des génies. Un bel enfant sortait le bras hors du berceau : le surintendant, le genou sur un nuage, remettait au futur dauphin les titres de propriété du château.

Cet emblème, qui couvrait le ciel, fut salué par les mille divinités liquides des bassins. Après avoir vomi de l'eau, elles lancèrent du feu. Neptune devint Pluton, son trident la fourche infernale, et les tritons les démons du Ténare. Plus loin deux élémens luttent : l'étincelle et la pluie se confondent, le feu coule, l'eau s'embrase.

— A la troisième girande ! crie-t-on, elle va partir ! Le canon tonne déjà. On l'attend au milieu de la nuit la plus opaque, car tout est silencieux. L'eau a éteint le feu, ou plutôt l'eau s'est éteinte.

C'est le moment suprême. Gourville presse le surintendant sur le cœur, l'embrasse tout baigné de larmes. Exactement costumé comme le roi, et à deux pas du roi, un homme est debout. Arracher l'un, pousser l'autre, et la conspiration est finie.

Un long murmure s'élève du fond des parterres et remonte jusqu'au roi, qui s'en informe ; murmure d'abord de surprise, puis de terreur, puis d'épouvante.

Tous les regards sont portés vers un point du ciel ; des doigts le désignent, et ces doigts ne s'abaissent plus.

Parmi les milliers d'étincelles qui ont poudré le ciel, une étincelle n'est pas retombée sur la terre, ne s'est pas éteinte ; elle est restée. Elle luit, et sa lueur, rayon oblique, ruisselle sur les bras des femmes parés de mousseline blanche, sur les bras des hommes glissans de soie et d'or.

Une comète ! une comète ! cri effrayant qui bondit de lèvres en lèvres et glace les cœurs.

Mis à nu par l'obscurité qui a succédé à la seconde gerbe, le ciel a dévoilé ses profondeurs, et dans ses abîmes une comète [1].

Fouquet lit son arrêt de mort dans le ciel.

Et Torelli, le magique artificier, l'Italien superstitieux, craignant d'avoir brisé une étoile, suspend un instant ses audacieuses opérations.

Les femmes s'évanouissent.

Et le grand roi, et Louis XIV, à la cour duquel l'astrologie règne encore, sent battre sa poitrine sous son cordon bleu, et ne voulant pas rester plus long-temps dans cette immense obscurité pleine d'évanouissemens et de cris, saisit, lance la torche enflammée.

Vaux, mille arpens de terrain, s'illuminent jusqu'aux dernières branches, jusqu'aux plus hautes feuilles.

[1] Cette comète se montra pendant le jugement de Fouquet. Voir les mémoires du temps.

— Je ne m'attendais pas à celle-là, dit Gourville.

— Seigneur, ayez pitié de moi ! murmura Fouquet.

Louis XIV se tourne vers le surintendant et lui
tend la main.

Fouquet la baise d'une lèvre morte, et le roi descend solennellement les marches de la terrasse.

Et la fête de Vaux fut finie.

IX

Sœur de la poésie, la tradition rapporte que,
dix-neuf ans après cette fête, qui est restée dans
la mémoire des peuples comme une bataille,
comme une invasion, un homme, secouant un
flambeau sur sa tête, parut au château de Vaux
et se promena du parc aux parterres, et des parterres aux cascades.

Des cheveux blancs tombaient sur son masque
de fer. Il demanda un morceau de pain à la porte
du château, et une pierre moisie tomba à ses pieds;
il eut soif, mais lorsqu'il se baissa pour boire, il

ne saisit qu'une couleuvre dans les bassins, où il n'y avait plus d'eau. Cet homme pleura toute la nuit comme Job. Au jour, il disparut pour les siècles.

Ce masque de fer, dit-on, était Fouquet.

VILLEROI.

VILLEROI.

Presque endormi sur un cheval de village, qui dormait comme moi, lui flairant de ses naseaux ouverts l'efflorescence des arbres, moi rêvant, nous allions où nous conduisaient le vent et l'ombre. Nous nous arrêtions parfois devant l'écluse d'un moulin, tout écumante de mousse et semée de nymphéa; tantôt nous risquions un galop sur le gazon velouté. On va loin lorsqu'on ne sait où l'on va, surtout à cheval. Nous étions dans l'Ile-de-France ou dans la Brie. Je tenais peu à le savoir, parce que j'ai horreur des dénominations topographiques, et qu'il suffit du mot *département* in-

crusté dans la borne milliaire pour ternir mes plus
douces rêveries ; de même que la buffleterie d'un
gendarme étincelant sur le grand chemin suffit à
l'artiste voyageur pour dissiper le calme du paysage
et salir la sérénité du ciel. Je l'écris avec une conviction réfléchie, le système municipal tuera le
spectacle naïf de la vie des champs. N'ai-je pas
déjà vu, ceints de l'écharpe tricolore de maire, des
jardiniers fleuristes, et des vignerons assis sur les
siéges du conseil cantonnal ? Il y a long-temps que
la brebis de Galatée et les fauvettes de Némorin
sont descendues des hauteurs pastorales où Florian
les avait placées, pour être pendues, la tête en bas,
au croc du boucher, ou pour rôtir au fond de la
casserole étamée. On a mangé cette poésie ; Lucas
et Palémon restaient encore, on les a faits maires
et conseillers ! Adieu, la verte idylle ! adieu, Virgile ! adieu, Florian ! Place à la municipalité !

J'étais arrivé à un pont jeté sur un des embranchemens d'une petite rivière, quand tout-à-
coup, au centre de la plus sauvage richesse d'eau,
d'air et de lumière, j'entends tomber un nom
comme celui de la *pate d'oie* ou du *bain des can-
nes* ; c'est à mourir de prosaïsme.

Sur ce pont se promenait, préoccupé de la lecture d'un livre qu'il tenait à la main, un jeune
homme en habit du matin, le front ombragé d'un

chapeau de paille, comme en portent [les paresseux colons des Antilles.

— Pardon, monsieur, lui dis-je; quelle est cette
belle avenue, qui ne conduit à rien?

Il fit un pli à la feuille de son livre.

— C'est l'avenue du château de Villeroy, démoli
il y a quelques années par la bande noire, dont vous
devez avoir entendu parler.

— Que trop, monsieur. Les infâmes! ils ne laisseront donc rien en France? Plus âpres à la destruction que le temps, le feu et l'eau, ils ont passé la
corde au cou de notre histoire et ont tiré dessus.
Quelques-uns, et ceux-ci sont les philanthropes de
la bande, indignés de la lenteur de la pioche et du
marteau, ont apporté, dit-on, une espèce d'humanité à leur besogne. Au milieu des salons de velours,
chargés de plafonds à moulures, ils ont allumé des
barils de poudre, et ensuite, placés à distance, ils
ont pu voir, par une belle matinée, sauter en l'air
les quatre tourelles, les galeries sombres, les portes,
les appartemens, les serrures dorées, les cottes de
mailles d'ardoise, les mosaïques des corridors, et
peut-être le chartrier du château, volant avec ses
feuilles brûlées, comme la bourre d'une charge à
moineaux.

Mon inconnu me fit d'abord observer que la
bande noire n'employait jamais la poudre pour

renverser les châteaux; qu'au contraire, elle s'y prenait avec beaucoup de ménagemens et de délicatesse; puis, avec un sourire d'approbation un peu mêlé d'ironie, cet homme, qui, pendant ma prosopopée, avait fermé son livre pour m'écouter plus attentivement, au fond peut-être pour se moquer plus à son aise de ma candeur poétique (je le voyais à son air), me répliqua par cette question fort peu indiscrète en ce moment :

— Monsieur est noble?

Sur ma réponse négative, il dut supposer que j'étais artiste; et je vis disparaître aussitôt la teinte de malice involontaire qui se peignait dans son regard. L'ironie fit place à une affabilité qui me mit beaucoup plus à l'aise.

— Après l'explosion, continuai-je, ou la destruction, comme il vous plaira, ils seront venus ramasser les uns les poutres, les autres les pierres dures, d'autres la chaux, ceux-ci les fondations, ceux-là les murailles maîtresses; et avec cela ils auront gagné de l'argent, beaucoup d'argent, engraissé leurs terres, fumé leurs luzernes, marié leurs filles, construit des moulins, acheté des bêtes de somme, et ils seront devenus électeurs et éligibles.

Je parlais avec amertume. Il reprit avec calme.

— C'est au moyen de quelques poutres de ce

château dont vous déplorez si sincèrement la démolition qu'on a construit le pont sur lequel nous sommes arrêtés. Ce pont sert les intérêts des communes voisines ; auparavant un orage, une inondation, l'hiver, une débâcle, le moindre accident, coupaient les communications. Aujourd'hui nos rapports sont de tous les jours, et notre commerce a centuplé. Vous voyez, monsieur, qu'un château qui tombe élève un pont, et c'est encore une consolation.

— Consolation ! Pour vous, qui passez sur ce pont, pour vos vaches et l'avoine de vos voisins, mais pour moi, qui n'en ai que faire ? Mais, dites-moi, quel est ce magnifique établissement qui touche au château ?

— Je n'osais vous en parler. Cet établissement, qui a déjà coûté deux millions, doit être une fabrique de papier, fondée dans le but de rivaliser avec les plus riches exploitations de Manchester et de Birmingham. Quatre cents pauvres ouvriers que la révolution de juillet avait retirés de la construction en bâtimens, la plupart appartenant aux communes environnantes, ont trouvé leur existence ici, dans des travaux de charpente, de forge et de maçonnerie. Vous n'apercevez d'où nous sommes qu'une partie des colossales proportions de ce bâtiment ; quand il sera en activité, il pourra fournir, en six mois seulement, à la presque totalité de la France du papier de toutes les dimensions, de toutes les qualités, de toutes les nuances, et à un prix de moitié au-dessous des autres fabrications. On n'emploiera que de la paille pour matière première. Des moulins mis en mouvement par la rivière qui passe sous nos pieds élèveront et laisseront retomber des foulons sous lesquels la paille sera désossée de ses nœuds et de ses côtes. Meurtrie et fatiguée, cette paille sera sollicitée par des tenailles et des dents de fer qui la mordront, la hacheront, la réduiront à l'ame; et puis, frêle, en lambeaux, volante, elle ira se perdre sous la rencontre des meules; soumise à cette pression qui pulvériserait de l'acier, elle n'en sortira plus que réduite à la ténuité la plus impalpable, et cela pour inonder des milliers de tamis, qui balancés, agités, tournoyant sans jamais se froisser entre eux, lui livreront un dernier passage dans les mille et un trous des cribles les plus fins.

Cette inondation sèche et dorée descend en pluie qui ne cessera point, car jamais un mouvement n'attendra l'autre, dans des chaudières où bouillonne une eau battue et blanche comme du lait; puis, fouettée par les convulsions de l'eau, la paille, qui n'est plus alors qu'une farine délayée, un léger amidon, tombera par l'action d'un précipité violent au fond des cuves, où des cailloux lui serviront de filtres et la sépareront de toute matière étrangère. Cette eau s'écoulera par de larges écluses, et le fond laissera à sec une pâte sans levain, tremblante et privée d'éclat. La blancheur mate de la neige lui viendra par le moyen de sels, de la chaux et des acides. Blanche enfin et reposée, ce gluten que l'on extrait du mucilage des plantes, des muscles de certains animaux, en rapprochera les parties solides, les raffermira, leur donnera l'étoffe et la malléabilité : solidifiée dans une eau grasse, où elle aura fermenté, cette pâte roulera en cascade transparente et continue sous des rouleaux d'acier. Laminée en feuilles, ces feuilles sècheront au vent, au soleil, dans des hangars aérés, où des milliers de fils seront échelonnés pour cet usage.

Et que de mains industrieuses employées à diviser ces feuilles, à les peser, à les couper, à les colorer, à les réduire, à les emballer !

Ce n'est pas tout encore. Vient le commerce, et son mouvement, et sa vie. Que de chariots ! que de vaisseaux ! que de roues ! que de voiles ! que de feu ! que de fer ! que de préoccupations intelligentes pour transporter ces produits sur tous les points du globe ! Vous voyez qu'en dernière analyse cette paille, qui ne devait servir qu'à préparer un mauvais lit à la pauvreté, lui fournira en échange le duvet du Nord, la laine de Smyrne ou de Ségovie, et deviendra, par cette prestigieuse métamorphose, le lien mystérieux du commerce, l'impérissable monument de la pensée, le cerveau de la civilisation, où tout se grave. Oui, monsieur, ce papier fixera l'élan de l'artiste, l'émotion généreuse du philosophe; et cela, songez-y bien, avec des moyens simples, faciles, peu coûteux. Puis, que Rossini soit inspiré, et que Châteaubriand réfléchisse! Mille ouvriers seront employés à cette généreuse industrie. On essaiera de les prendre aussi parmi les gens de la commune. Par ce moyen, le propriétaire, que je connais beaucoup, ne laissera pas (vous pouvez m'en croire) un pauvre languir de faim sous le chaume, ni un enfant se tordre de soif dans le berceau.

Il essuya une larme d'orgueil.

— Mais dites-moi par quelle délicatesse que je n'explique pas, repris-je, vous aviez peur d'exciter ma colère d'artiste en me parlant de cet utile établissement ?

—C'est qu'il a été fait avec les débris du château, et la moitié a suffi : chaux, ferremens, poutres, ont servi à l'élever. Cet amas de pierres, pardon si j'ose m'exprimer ainsi, monument d'une histoire qui n'a pas su mériter de vivre, aura fait la fortune d'un homme, et cet homme fera celle de trois ou quatre mille autres. Revenez-vous un peu de votre emportement?

— Cependant avouez, répliquai-je, qu'il y a quelques douleurs attachées à l'anéantissement de ces beaux souvenirs; ils sont les seuls qui nous restent. Les histoires sont peu lues; les grands noms se perdent dans les sables de la mémoire; mais les pierres demeurent. Sait-on un nom des auteurs dont les manuscrits ont chauffé les bains d'Alexandrie? et les pyramides sont restées, et elles resteront jusqu'à ce qu'une bande noire africaine les démolisse. Les pyramides sont une histoire; l'imagination s'y attache, et, d'assise en assise, elle va loin. Les monumens forcent l'esprit à penser. Quelle est la brute à venir qui ne demandera pas une réponse à sa curiosité devant la colonne, ce point d'admiration d'airain et de bronze?

Mon inconnu, que j'ai déjà signalé comme fort doux et très-attentif, se borna à me montrer du doigt une troupe d'ouvriers qui, costumés proprement, la santé et la joie sur le visage, se rendaient aux travaux de la fabrique. Ils le saluèrent en passant.

— Trois d'entre eux, me dit-il avec épanchement, viennent de se marier, grâce aux résultats des occupations qu'ils trouvent ici; sans ce bienfait, ils seraient sans doute restés dans la misère et le célibat, et conséquemment sans mœurs. Ces deux vieillards qui me saluent ont racheté, avec des fonds avancés par l'établissement, deux de leurs neveux appelés au service militaire. Les enfans ont répondu de la dette. Ainsi la reconnaissance s'est assurée de l'existence de quatre familles par l'obligation du travail. Enfin il en est peu, parmi ceux que vous avez vus passer, qui ne doivent une meilleure position, quelques avantages sur le passé, des garanties pour l'avenir, à cette exploitation fondée avec le profit de la vente de la plus faible partie des matériaux du château de Villeroi.

Mon interlocuteur se préparait peut-être encore à quelque nouvel argument, lorsqu'une petite étourdie, blonde comme un épi, vint le prendre par la main, et l'inviter, au nom de *petite maman*, à se rendre au déjeuner. Il allait me renvoyer l'invitation. Sur mon refus, qu'il devina sans que j'eusse parlé, il m'engagea néanmoins à m'arrêter chez lui quand je voudrais manger d'excellentes asperges. La petite fille était rayonnante, et la joie du père ne fut pas moins grande à la nouvelle de l'enfant, qui lui apprit que les ingénieurs prétendaient enfin avoir trouvé l'eau. Il me salua, l'enfant me fit une jolie révérence, et je traversai pensivement le pont qui aboutit à la grande avenue du château.

Avec ses raisonnemens, cet homme m'avait ému. Son départ me rendit à moi-même, et quand nous eûmes cessé, lui de me saluer, moi de lui sourire, que son enfant eut escaladé les marches de pierre d'une petite maison à volets verts, mon sourire s'arrêta comme un ressort que rien ne meut, comme un bras fatigué qui retombe.

Contradictions de l'esprit humain!—Un laboureur donne un coup de bêche, et il trouve de la résistance; il creuse, c'est une tuile; cette tuile, un toit; ce toit, une maison; cette maison tient à plusieurs autres; c'est une rue; puis deux, puis trois, puis cent, c'est une ville; c'est Herculanum! Un roi de Naples et de Sicile voudra régner sur cette cendre, avoir des flambeaux dans ces palais, des gardiens à la porte de ces temples; il appellera des savans pour lire ces chiffons noircis. Et nos souvenirs du passé ne nous toucheront pas! Conservons aussi nos ruines, nos cathédrales, nos châteaux; car ces pierres, ce sont nos lois, le testament de nos pères, leurs croyances, leurs mœurs, leur courage, leurs vertus! Et cela vaut bien un œuf trouvé à Herculanum.

J'approchai du château.

Hélas! les fossés étaient même dépourvus de leurs parois de granit. Dans une eau verte et plissée nageaient quelques grenouilles séculaires, quelques carpes piquées peut-être au temps de la Fronde. Les maigres peupliers qui regardent cette mare étroite semblent négliger leur toilette depuis qu'ils ne peuvent plus réfléchir leur taille de demoiselle, et qu'ils n'ont plus d'ombre à verser sur ces jeunes marquises si belles, dont le caprice donna naissance à ces ruineuses propriétés appelées de l'expressif et joli nom de *Folie*. Vous savez tous la Folie-Polignac, la Folie-Mousseau, la Folie-Arnould.

Arrivé à l'intersection du fossé, c'est-à-dire à l'endroit où se trouvait jadis une grille en fer couronnée (mon imagination y suppléa) de pommes d'or, de lyres d'or, de dieux de bronze, et gardée par de gros chiens qui vous mordaient mythologiquement sous le nom de Diane et de Médor; où luisaient, à travers les barreaux des chaises à porteur enluminées de Chinois sur laque, des valets larges comme des armoires; eh bien! là, devant cette première merveille, j'ai trouvé un trou fait dans le mur. Pas même de porte!

Mon cheval et moi nous faillîmes rester au passage.

La solennelle cour d'honneur était déserte, le pavé couvert et déchaussé par l'herbe. Et six cents pieds d'air où était le château.

Aussitôt mon entrée, la porte d'une petite maison blanche s'ouvrit, et un vieillard en livrée orange et bleue lézardée par des coutures blanches, honteuse de plusieurs rapprochemens qui hurlaient entre eux comme métal sur métal et couleur sur couleur dans un écu, costumé ainsi que les anciens domestiques d'autrefois, vint me recevoir et saisir la bride. Dieu me pardonne! il avait, je crois, l'épée d'acier.

On n'a pas d'idée de la politesse qu'il mit à m'accueillir, à m'offrir de me reposer chez lui. Toutefois, avec une indiscrétion aisée et où perçait encore je ne sais quel excusable orgueil de ses premières fonctions, il me demanda mon nom. Je le lui donnai; il l'anoblit en route; et, riche d'une particule usurpée, il courut l'annoncer à son maître, ouvrant rapidement et à temps égaux sa modeste porte, comme aux jours de grandes cérémonies il faisait, je pense, au château. Touchante parodie d'une étiquette morte!

Son maître était aussi un vieillard grand, maigre, tombant en ruines. A mon entrée il se leva, m'accueillit avec cette distinction traditionnelle de cour, et m'invita à m'asseoir près de lui. Pendant les essais d'une conversation sur la beauté de la saison, sur la richesse d'un soleil qui le ramenait à ses premiers jours, je remarquai, sur une table posée en équilibre avec des tuiles et des bouchons, les restes d'un déjeuner. L'ornement de service se composait de belles assiettes en porcelaine aux couleurs éteintes et aux contours dédorés; de flacons en cristal, aux goulots brisés; de verres à pattes, sans pattes, des serviettes damassées, mais avec des dessins et des festons que la Hollande n'avait pas tracés; une eau limpide trahissait sa crudité dans des bouteilles autrefois pleines de Malvoisie et de Madère. Au milieu de ces cristaux et de ces porcelaines, nageaient un morceau de fromage et quelques fruits secs. Une vive rougeur m'apprit combien l'orgueil du vieux gentilhomme saignait à me voir témoin de ces somptueuses misères. Intelligent à toutes les faiblesses de son maître, le vieux serviteur se hâta de rejeter les pans de la nappe sur la table.

Je fis semblant de ne pas avoir vu.

De causeries en causeries, il en vint, par une inévitable pente, à parler de son château.

— Pierre, que vous voyez là, me dit-il avec un sourire mélancolique, Pierre et moi, voilà tout ce qui reste du passé. Ils n'ont pas osé nous démolir. Pierre a été mon serviteur, le premier de mes domestiques; c'est un digne homme. Il est né sur les limites de mon château, il y veut mourir. Nous y mourrons ensemble. Pierre! le pauvre diable! le croiriez-vous, monsieur? tout infirme qu'il est, il me nourrit, il me loge, il m'habille, il supporte mes mauvaises humeurs mieux que s'il avait encore des gages, et Dieu sait, vienne le funeste 10 août! il y aura bientôt quarante ans qu'il n'en touche plus.

— Monsieur le marquis!

— Non, mon ami; un gentilhomme français ne doit pas se plaindre; mais quel mal y a-t-il que je te loue ici? J'ai si rarement lieu de le faire, Pierre! Va, ton pain est délicieux! Et d'ailleurs, monsieur, le malheur est chose commune à la noblesse; et quand plusieurs de nos rois sont morts en exil, il siérait mal au plus humble de tous les gentils-hommes de ne pas savoir souffrir; et pourtant un beau château a été à moi! Le soleil n'en éclairait certainement pas de plus solidement bâti, ni de plus commode, ni de plus somptueux; n'est-ce pas, Pierre?

— Oui, monsieur le marquis.

— Quelles soirées se sont données ici! quelles soirées! Pauvre jeunesse! Nous avons connu cette galanterie française si décriée maintenant, monsieur; et de notre temps, si nous n'avons pu nous élever à la hauteur de celle du grand siècle, du moins nous en avions conservé les traditions. Ce parc aujourd'hui si clair-semé, si nu, était sil-lonné de plus de gibier qu'il n'y en a dans votre Saint-Germain et votre Vincennes. Un cerf y

fut tué de la main du roi. (*Les deux vieillards
s'inclinèrent.*) Autant que votre œil vous le permet, voyez! Toutes ces plaines, tous ces espaces
déshonorés par le foin et la luzerne, en faisaient
partie; et des repos partout, des pavillons, des
kioskes, des abris, des rendez-vous de chasse, des
bosquets de cèdres, des eaux vives, des labyrin-
thes, des fourrés, des carrefours, des allées découpées en corbeilles, en colonnes, en éventail. C'é-
tait une merveille du fameux Le Nôtre. Trois cents
statues en fonte, sur le modèle de celles de Versailles, vomissaient pour nos fêtes autant d'eau
que la cascade de Saint-Cloud. Ma serre était
l'admiration des étrangers, cent mille écus
d'orangers, cent mille écus de citronniers; des
navires enfin allaient exprès à Saint-Domingue
pour m'en rapporter les fleurs les plus rares
en couleurs, les fruits les plus difficiles à conserver. Mon colibri fut chanté par M. Delille. On
a bu, ici, monsieur, du café obtenu sur les lieux de
la plante même, et mangé deux ananas qui avaient
fleuri et mûri dans ma serre. Il est vrai que les
dames de la cour préféraient ma *folie* à toutes les
folies du temps; et c'est par une illumination,
qu'on venait admirer de la capitale, qu'il fallait
voir étinceler jusqu'aux plus lointaines, aux plus
frêles branches, jusqu'aux sinuosités perdues à

l'horizon; aux soixante-douze fenêtres de la façade,
sur les bords du fossé, sur le mur, autour des
bassins, les innombrables lampions de mille couleurs, balancés avec les feuilles vertes, avec la pâle
lueur des étoiles; à travers les écharpes, les arcs-
en-ciel, les bouffées, la pluie, les ondées; les rires, les cris, les éclats de mes grandes pièces d'eau!
Et de jolies femmes en folles robes de satin, pâles,
fardées, rêveuses, le mouchoir à la main, rafraî-
chies par des éventails bruyans, en paniers, en
mules cramoisies, entraient, circulaient dans les
corridors, au milieu des statues, des domestiques,
des vases et des flambeaux; caquetaient, se déchi-
raient avec esprit, jouaient leurs amans, leurs diamans, leur ame, hélas! riaient, s'embrassaient,
se perdaient avec leurs parfums et leur voix dans
le parc, avec quelques beaux cavaliers; et ici et là,
et dans le lointain, ce n'étaient que larges ombres,
musique et lumières, murmure de la brise, chant
d'oiseaux, parfums indiens, paroles d'amour in-
terrompues, lueurs d'épées et bruit de soies, jusqu'au moment où des gerbes d'artifice, lancées du
château, vinssent éclairer de leurs foudroyantes
clartés bien des méprises, bien des séductions com-
mencées, bien des défaites irréparables; et au château, le jeu, la danse, les chants, les soupers;
dans la cour d'honneur, un peuple de valets ar-

rêtés en groupe, des chaises à porteur blasonnées, et des mules d'Espagne, qui piaffaient dans mes belles écuries ornées de glaces et pavées de marbre, si belles que le duc de Villa-Hermosa disait que c'était profanation d'y loger des chevaux. N'est-ce pas, Pierre?

— Oui, monsieur le marquis!

— Vous aviez peut-être oublié le vassal qui gémissait à la grille?

— Erreur, monsieur; ne confondez pas la noblesse ancienne avec la noblesse de mon temps. L'une était fière, haute, malfaisante, sans pitié, quoique brave; l'autre profita, je le sais, des abus, mais elle n'en créa aucun : elle fut moins fanatique que le clergé, dont elle neutralisa souvent l'influence; moins tyrannique que la cour, dont elle devança de trop loin le progrès vers les idées philosophiques. N'allez pas chercher des preuves contre elle dans l'arsenal de 92; mais demandez aux habitans de la campagne qui a restauré le clocher où sonne la prière; qui a ouvert des chemins dans des sables, dans des montagnes, comblé des marais fétides, pavé les routes, amené de bien loin les eaux pour désaltérer les bourgs et féconder la terre, tracé des villages, rallié les populations errantes des champs, agité les ailes de moulins, prêté même les premiers fonds à vos gros fermiers d'aujourd'hui; et tous vous répondront : c'est la noblesse! c'est la noblesse!

Avant la révolution, avant son fatal nivellement, elle avait déjà déchiré beaucoup de titres abusifs. Elle était brave, monsieur; si elle salua les Anglais à Fontenoy, elle releva sa tête, et sut mourir et vaincre. Cette galanterie était au moins française. Et quand l'heure de la révolution sonna, elle sut défendre la liberté comme vous l'entendez aujourd'hui, et non comme l'entendaient les hommes de sang d'alors. Vous savez que, pour son roi et son pays, elle alla à la Grève comme à Fontenoy, et que sur l'échafaud, elle salua encore une dernière fois ses ennemis; mais ce n'étaient pas des Anglais. Sa tête ne se releva point. N'est-ce pas, Pierre?

— Oui, monsieur le marquis!

Et Pierre roulait de grosses larmes : ces deux débris s'entendaient et se répondaient régulièrement comme l'aiguille et le timbre d'une horloge. L'un indiquait la marche du temps, l'autre la ratifiait par un bourdonnement creux.

Depuis que la conversation s'était élevée à ce degré de chaleur, Pierre était mal à l'aise; il semblait souffrir de l'exaltation progressive du marquis; sa préoccupation décelait la crainte d'un danger prévu et contre lequel il ne voyait d'autre remède que la conspiration de nos deux volontés. Il provoquait la mienne par des défenses furtives, des prières silencieuses, des regards supplians, des perquisitions sombres autour des murs décharnés de l'appartement ; mais cette pantomime de peur, de sollicitation et de réserve n'éclaira pas ma perspicacité en défaut. Le vieux domestique était désespéré.

Ses craintes n'étaient que trop justifiées.

— Venez, s'écria le marquis, venez ! il est temps de vous montrer le château.

— Ne le souffrez pas, monsieur, me dit à voix basse le fidèle serviteur ; quand il fait ce qu'il vous propose, il est malade pour quinze jours, et, pauvres gens que nous sommes, nous n'avons pas de quoi payer le médecin.

— Venez ! Et le marquis s'élança vers un angle de la salle, où mes yeux ne s'étaient pas portés : j'y aperçus alors, suspendues à des cercles de fer, une centaine de clefs, grandes, petites, bizarres, lourdes, légères, découpées, en cuivre, en bronze, dorées, une entre autres en argent.

— C'est tout ce qu'ils nous ont laissé, me dit Pierre ; quand monsieur le maquis les voit, ou se les rappelle, il se croit encore possesseur du château ; ces malheureuses clefs lui causent une es-

pèce de folie dont vous allez sans doute être le témoin. Dieu ait pitié de nous!

Le marquis prit les clefs; il ouvrit la porte, et
me pria de le suivre; ce que nous fîmes, Pierre et
moi.

Arrivés à l'endroit où fut le château, triste
parallélogramme, couvert d'un maigre gazon sur
la cime duquel se jouaient en ce moment quelques
rayons mourans du soleil, Pierre croisa ses bras
avec douleur; le marquis prit la plus grosse des
clefs, et fit un geste de fatigue comme s'il ouvrait
péniblement une porte.

— Entrez! nous dit-il ensuite; voilà le vestibule; il est en marbre de Carrare. A droite c'est
la salle d'introduction. Attendez.

Il répéta un geste illusoire comme le premier, et
la porte de la galerie fut censée ouverte.

— Entrez!

Ce lustre à girandoles vaut 10,000 francs; ce
sofa est en velours d'Utrecht; Puget a sculpté ces
bas-reliefs; ils sont transportés de la Villa-Albani;
lisez Winckelmann.

Ce tableau est de Rubens; c'est au couronnement
du roi qu'il fut donné au château.

Cet autre salon (il l'ouvrit encore) est celui d'été.
Des siéges en joncs de Madagascar; des volières
chères au goût de madame. Cette épinette m'a

coûté cent louis. Admirez ce plafond ; c'est l'apothéose d'Hercule par un élève de Boucher ; la cuisse
d'Hercule est un chef-d'œuvre : le reste est un peu
incorrect ; mais n'importe, l'ouvrage est admirable.

Et quelle vue ! Voyez le soleil se coucher : il
marque les heures en lignes d'or sur le parquet ;
Lalande a dessiné ce gnomon. Quel homme que
Lalande ! les astres ont beaucoup perdu à sa mort.

Passons à gauche ; et il fit le simulacre d'ouvrir
trois portes. — N'admirez-vous pas cette belle
disposition ? Pierre, annoncez-nous ?

— Oui, monsieur le marquis.

Pour complaire à son maître, Pierre se décou-
vrit, et d'une voix émue, avec la pénible complaisance d'un ami qui exécute la capricieuse volonté
de son ami mourant, il nous annonça. Hélas ! cette
voix triste et flétrie tomba sans écho dans l'espace.

— C'est bien ! cria le marquis, comme ébloui du
faste qui le frappait. Asseyons-nous sur cette otto-
mane, et que je vous dise.

Il s'assit sur les cailloux : c'était pitié.

Il serra familièrement ma main, jeta son bras
autour de mes épaules ; et les jambes nonchalam-
ment croisées, avec cette fatuité de jeune homme
qui laisse déjà lire sur son visage la bonne fortune
qu'il va révéler, il me dit tout bas :— C'est aujour-
d'hui réception au château. Ce beau jeune homme

en frac vert (je suivis l'indication de son doigt), c'est
un fermier général qui se meurt d'amour pour
Sophie Arnould ; il est pourtant marié avec une des
plus belles demoiselles de l'ancienne noblesse. Savez-
vous son aventure ? Ennuyée de ses persécutions,
la Sophie a profité d'une absence en Belgique de
cet amant pour envoyer à sa femme deux enfans
et une toilette en porcelaine du Japon qu'elle a de
lui. Et Sophie est là. Je voudrais qu'elle vous chan-
tât la *complainte sur le maréchal de Soubise ;*
elle est un peu libre, mais c'est pétillant d'esprit.
On l'attribue à Boufflers, à ce charmant vaurien.
Connaissez-vous Colardeau le poète ?

Regardez bien celui-ci, cette figure énorme sur
un corps mal équilibré, qui sourit et qui est laid.
Singulier homme, si c'est un homme. Il y a de
l'enfer dans sa figure, dans son avenir. Il a trouvé
le moyen de séduire par tout ce qui repousse ; les
femmes en raffolent : il est capable de tout, même
de dignité, de bravoure et d'honneur. On cite ses
débauches, on l'accuse de lâcheté, quelques-uns
d'escroquerie. C'est un résumé de son temps, peuple et noble à la fois ; noble par ses désordres, son
inconduite et ses bonnes manières ; peuple par sa
fougue brutale, sa laboriosité, quand il n'a ni
femmes perdues ni orgies sous la main. On lui
élèvera des statues ; il serait parfaitement aux ga-

lières; c'est le premier, c'est le dernier de tous. Il doit couver bien de la haine dans cette ame vingt ans et plus froissée dans les cachots. Il doit se trouver bien de l'éloquence dans cette bouche qui fut muette si long-temps. C'est Mirabeau! C'est l'avenir et la perte de la patrie, celui qui doit clore le nobiliaire de France, qui doit mourir à la peine pour nous tuer. Qu'est-il par lui seul, et qu'a-t-il d'extraordinaire? Rien. Tissu de médiocrités, si bien su par cœur qu'il y a de l'insolence à lui de parler d'ame; phraseur sans nerfs, dialecticien sans portée, orateur dont le masque a du grotesque, il est né pour cumuler ces mille défauts et s'en faire un piédestal. Cet ensemble fait sa force. Je le hais, je le crains. Un peu plus tôt il eût pourri dans la Bastille; un peu plus tard, il eût été le valet du valet de mon médecin, de Marat.

Maintenant montons à l'étage supérieur. Pierre, suivez-nous.

Alors, avec la même ardeur de jeunesse qu'il avait mise à parcourir la galerie disparue, il simula vivement l'ascension des marches, levant tantôt un pied, tantôt l'autre, tournant à chaque embranchement, et regardant avec orgueil la magnificence orientale des plafonds. — Hélas! nous n'avions au-dessus de nous que le dôme du ciel, et, pour tout palais sur le sol patrimonial, le rejeton octogénaire d'une vieille race n'avait plus qu'une baraque ouverte à tous les vents, perdue dans les touffes de genêts et de bruyère.

A part celui de Versailles, bien entendu, dites-moi, monsieur, si jamais vous avez vu un plus somptueux escalier?

Voici la bibliothèque : trente mille volumes. Là c'est ma galerie de tableaux. Voyons d'abord la bibliothèque. Êtes-vous curieux de connaître le premier exemplaire de l'Encyclopédie? admirez! c'est le premier, monsieur. Diderot l'a possédé, et je l'ai acquis de ses héritiers. Les fautes sont notées en marge. Ce livre nous a beaucoup fait de mal ; mais j'y tiens. Ici les histoires, là les romans, tous les romans de Crébillon. Hélas! monsieur, cette charmante littérature est perdue : on y reviendra.

Plus loin, ce sont les philosophes ; c'est Raynal, qui a écrit une partie de l'histoire de ses *Deux Indes*. Là-bas, dans ce pavillon de verdure, c'est d'Alembert, c'est M. de Buffon, c'est Voltaire, dont l'Émilie du Châtelet avait une épaule plus haute que l'autre, et qu'il traite de génie, je ne sais pourquoi. Vous savez sa fameuse épître! Celui-ci, c'est l'*ami des hommes* : c'était le mien. Il tua un de mes vassaux, que je lui avais prêté, d'un coup de bâton dans la poitrine, parce que ce malheureux avait oublié de rentrer les orangers dans la serre, une nuit douteuse de printemps.

Cette porte communique à ma galerie de tableaux. Pierre, la clef!

Ici, monsieur, vous n'aurez pas la douleur de voir étalés les produits de cent écoles insignifiantes; je n'ai admis que les Vanloo et les Boucher. Ce beau portrait de Diane, suivie de trois levrettes; cette triple déesse, comme l'appelle le grand lyrique Rousseau, et que vous voyez couronnée d'étoiles, en robe à la Médicis, en mules de satin, un arc d'une main, un éventail de l'autre, c'est, pardonnez ma douleur, feue madame la marquise. Ce Troyen, c'est moi. On m'a représenté en Troyen parce que j'ai rempli de hautes fonctions jadis auprès de la sénéchaussée de Troyes en Champagne. Ce fleuve, c'est mon beau-frère; cette Aréthuse, ma cousine, ancienne abbesse de Chelles. Voilà mes enfans, ils sont représentés en amours.

Obligé de répondre quelques mots à cette exacte, burlesque et pénible hallucination, je dis à monsieur le marquis qu'ils avaient dû bien grandir depuis, ces amours.

— Le couteau de la république les en a empêchés, monsieur.

Pierre osa engager son maître à borner là notre

visite au château; il se faisait tard, je pouvais être fatigué.

—Tu as raison, répondit le marquis en lui frappant sur l'épaule, tu as raison; mais encore une, mais encore celle-ci, et ce sera la dernière. Et il s'empara de la clef d'argent.

A peine eut-il tourné la clef dans la serrure imaginaire, à peine eut-il, dans son illusion, posé le pied sur le seuil de l'appartement, que lui et le vieux serviteur se découvrirent. Je me laissai aller au même sentiment de vénération.

—Voilà mon oratoire, s'écria-t-il en faisant un signe de croix et en tombant à deux genoux; voilà, monsieur, où je viens expier les erreurs de mon temps, ma fatale condescendance aux idées philosophiques. Hélas! cette corruption dorée, ces enivremens stupides, cet athéisme brodé, ce néant en fermentation, cette société arrivée à son dernier soupir de débauche et d'impiété, elle nous a perdus. Vous ne savez pas avec quel funeste engouement nous adoptâmes des innovations qui devaient nous anéantir. L'égalité des conditions était prêchée par nos jeunes marquis avec la ferveur des apôtres. La raison qui succédait à d'aussi déplorables frivolités ne pouvait être qu'une étrange chose dans ses résultats. Le retour d'une vieille folie à la raison, c'est la mort. Eh bien! nous l'eûmes cette égalité ; nous avions donné l'exemple, on l'imita. Nobles, parlemens, clergé, tour à tour animés les uns contre les autres, tour à tour avec la menace de l'appui populaire, nous avons détruit le prestige royal, arraché les digues qui nous isolaient dans le sanctuaire de la puissance ; nous avions dit à ces hommes, hier vassaux : Imitez-nous, cultivez la philosophie. Ils devinrent athées ; nous prêchâmes la tolérance religieuse, ils abattirent les églises ; nous proclamâmes la simplicité des mœurs, ils déchirèrent nos habits de soie, soufflèrent sur nos lustres, pesèrent sur nos fauteuils, éteignirent nos fêtes ; nous déclarâmes l'égalité des hommes, et ils nous coupèrent la tête.

— Le vassal de la grille était donc entré, monsieur le marquis ?

— Qu'est devenue la noblesse française ? Où sont ces vaillantes épées qui n'avaient pour fourreaux que la poitrine des Anglais et des Espagnols ? Où sont passées ces grandes traditions de gloire et de renommée ? Où est la monarchie ?

Enfin, ils me prirent ma femme, monsieur ; un jour ils vinrent au château ; c'était en 92 ! ils entrèrent et trouvèrent madame la marquise, qui attendait mon retour de la chasse. Belle et vertueuse, ils la frappèrent au visage, crachèrent sur son fard, la lièrent avec des cordes ! et ils lui dirent : Marche !

C'était huit lieues à faire d'ici à la capitale, et au mois d'août; elle que nos allées de sable et de mousse fatiguaient, comme elle dut souffrir! Ah! le peuple est bien méchant, monsieur! Que lui avait-elle fait au peuple? Elle voulut se reposer, on lui dit : Marche! Elle eut soif, on lui dit : Marche! Et puis on l'accusa d'être aristocrate; elle ne comprenait pas; ses cordes la faisaient tant souffrir! Enfin, on la jugea. Elle demanda un prêtre; un prêtre de la Raison lui dit: Marche! Et puis on la délia....... Le soir la chaux républicaine avait calciné ses membres.

Et les deux vieillards versaient d'abondantes larmes sur leurs dentelles flétries, sur leurs dorures surannées, sur leurs longues mains sèches et tremblantes. Le marquis chancelait sur ses pauvres jambes; car il s'était levé pour se frapper la poitrine, pour dire en face d'un Christ qu'il croyait voir : — Mon Dieu! qui êtes mort pour les crimes de tous, pardonnez! Pardonnez à ceux dont les folies ont perdu cette France, cette France dont vous aviez détourné la vue. Nos premiers-nés ont péri de misère dans l'exil; nos femmes si belles ont heurté leurs fronts souillés de boue aux angles du tombereau; les générations ont été moissonnées; nous avons été punis dans notre chair, dans ce qui faisait notre orgueil; il ne reste plus de la génération coupable que deux ou trois vieillards qui n'ont pu mourir ; ils ont reconnu votre délaissement ; ils s'accusent de votre dédain, pour tant d'oubli de leur devoir.

Puis le marquis pria plus bas, et il élevait la voix en frappant sa poitrine.

— *Meâ culpâ*, disait-il.

— *Meâ culpâ*, répétait machinalement Pierre.

Cependant le vent de la nuit fraîchissait, et le soleil, sanglant comme une blessure, enluminait de pourpre et de feu ce drame qui se jouait sous le ciel, au milieu de la solitude et du calme.

Enfin, l'émotion étouffa le marquis ; il tomba de toute sa longueur sur les cailloux. Dans sa chute, il s'ouvrit la lèvre.

Nous nous hâtâmes de le transporter dans son lit.

— Voilà ce qui arrive, me dit Pierre, chaque fois que monsieur le marquis répète cette malheureuse scène. Il est inconsolable de la perte de son château, qui a été vendu 40,000 francs à la bande noire, sans qu'il lui en soit revenu un sou.

Les avocats et les gens d'affaires ont tout mangé. Ils ne nous ont laissé que les clefs du château.

Et voyez ce que je puis faire avec mon travail ! Si monsieur le marquis allait tomber malade ; c'est demain la Pentecôte, et il n'a pas de souliers pour se rendre à l'office. C'est la quatrième fois que je les lui raccommode.

— Pierre ! vous êtes un digne serviteur : vous serez béni.

Je compris enfin la douleur de Pierre, et nous nous quittâmes en nous serrant la main, confus l'un et l'autre, lui de n'avoir pu empêcher le spectacle dont il n'aurait pas voulu que j'eusse été témoin, et moi de l'avoir provoqué.

Fidèle aux anciens usages, Pierre tint la bride du cheval jusqu'à ma sortie du château, et pesa sur l'étrier.

Des étoiles luisaient à l'orient ; je traversai au galop la grande avenue.

En fuyant j'entendis des cris qui partaient de la fabrique : mille ouvriers, tous les habitans, exprimaient par des danses, des chansons, des exclamations de bonheur, la joie qu'ils éprouvaient à voir enfin bondir l'eau au-dessus du puits ; cette eau si désirée, si bienfaisante, cette eau qui allait enrichir la moitié d'un département !

Je partageai sans doute cette joie de l'industrie ; mais, en me perdant dans la brume, plusieurs fois je détournai la tête, j'allongeai mon regard pour voir blanchir, à travers les peupliers, la chaumière du pauvre gentilhomme, du vertueux Pierre, le modèle des serviteurs.

VOISENON.

VOISENON.

On ne compte pas deux heures de marche entre
le marquisat de Brunoy et le Jard de Voisenon,
entre la demeure de ce fou illustre auquel nos recherches ont fait une seconde immortalité, et le
petit château du célèbre abbé qui fut l'ami de Voltaire, celui de madame Favart et du duc de La
Vallière; entre la cave de ce fils d'une haute famille de financiers qui mourut à trente ans, après
avoir déshonoré tout ce que la richesse donne de
puissance, la noblesse de considération, et le monastère du représentant le plus orgueilleusement
né des abbés de cour au dix-huitième siècle. Bru-

noy et Voisenon ont, comme on le voit, plus d'un lien de parenté morale qu'il ne faut aucun effort paradoxal pour saisir. Le marquis et l'abbé sont du même temps, et tous les deux l'expriment parfaitement sous deux faces caractéristiques : et, remarque vraie autant que surprenante, l'espace où s'élèvent les deux demeures à jamais historiques revendique, au nom de la même curiosité, des centaines d'autres demeures toutes également marquées au coin du cynique, du frivole, du dévorant dix-huitième siècle. La province de Brie, que le cadastre a découpée en départemens, en arrondissemens, en cantons, regorge de châteaux habités, sous le règne de Louis XV, par ces marquis pailletés, ces abbés paresseux, ces financiers obèses, dont les mémoires secrets de Grimm, de Bachaumont, les correspondances du marquis de Lauraguais, ont fait leur railleuse pâture. Cette laiteuse et fromagère Brie, cette Io inépuisable, le dirait-on ? fut une caverne de plaisirs dans toute l'impure acception du mot, à l'époque du régent et de son déplorable successeur ; tout château que la bande noire n'a pas démoli est un demi-volume de mémoires, un boudoir dédoré, un pavillon d'ivresse. Là, c'est l'endroit où fut le château de Samuel Bernard, prodigue d'un âge antérieur, mais digne du suivant ; là, c'est le pavillon Bourei, autre financier, autre Jupiter de toutes les Danaë du Théâtre-Italien; là, c'est Vaux, ce château presque biblique, où la flamme vengeresse de Dieu a passé, et où elle n'a laissé qu'un chien pour tout gardien et maître; là, c'est le château de Law, ce voleur trigonométrique; enfin, partout où le pied se pose, il en sort un gémissement du dix-huitième siècle, que nous ne circonscrivons pas à des limites chronologiques comme les entendent les astronomes, mais que nous rattachons au déclin du règne de Louis XIV, pour l'étendre au moins jusqu'à Barras, dont l'impudique château déploie encore aujourd'hui ses fondations réhabilitées par l'honneur et la gloire sur le sol où Vaux, Brunoy et Voisenon brillèrent si fatalement.

Le petit château abbatial du Jard existe encore; mais ce n'est pas celui où tout prouve que l'abbé résidait quand il venait se reposer dans sa seigneurie après quelque pèlerinage un peu agité chez ses amis de Paris et de Montrouge. Celui-là, qui porte le nom de château de Voisenon, a été également conservé en devenant une maison bourgeoise d'une magnifique apparence. D'empiètemens en empiètemens, la commune a rongé les anciennes limites des deux propriétés, et il serait difficile aujourd'hui d'en tracer la figure générale sans s'exposer à de graves erreurs de formes et de proportions. Elle n'a pas cependant assez dévasté, ou plutôt assez envahi, pour qu'il ne soit possible, à l'aide des fragmens de constructions restées, de s'assurer de l'espace que couvraient le château du Jard et ses dépendances religieuses. Ainsi, par les fractions du petit fossé tracé le long du mur où s'ouvre la principale entrée, on suppose aisément qu'il était fort étroit, et cernait par conséquent une maison seigneuriale moins luxueuse ou hostile que grave et sérieuse. A plus d'un titre, les fossés des châteaux sont aux châteaux mêmes ce que les cordons sont aux médailles. On n'oserait pas affirmer d'abord que la grille fut autrefois où elle est maintenant; à la première vue, il semblerait qu'elle s'ouvrait à l'extrémité d'un axe qui n'est pas celui d'aujourd'hui; car elle fait face au couvent et non absolument au petit château du Jard, laissé, au contraire, dans un coin de la grande cour, et comme posé à terre et au hasard. Cette opinion serait fautive. Le couvent, qui était, à n'en pas douter, le corps principal des bâtimens, avait quatre côtés. D'abord, celui qui reste en totalité, et auquel la grille s'oppose, était la façade; quant aux trois autres, il est de rigueur de les mentionner ainsi: celui de droite, en regardant la grille, a été démoli, dans je ne sais quel but, par le propriétaire actuel; celui de gauche n'existe qu'au tiers final de sa lon-

gueur, et ce tiers est une chapelle que la révolution a transformée, au moyen d'un mur de clô-
ture, en deux écuries; et le quatrième et dernier
côté, celui qui est parallèle au mur de la grille,
comprend le château qu'habitait l'abbé de Voisenon, et les corps de logis ordinairement désignés
dans la distribution des châteaux sous le nom col-
lectif de communs. Un des deux pavillons des
communs détruits s'élève encore à la droite de la
grille.

Il est très-facile de ne pas confondre le château
du Jard et le château de Voisenon, qu'un simple
mur de terre a séparés à l'époque des perturbations
violentes subies par les propriétés. Le château de
Voisenon était celui que tenait de ses aïeux l'abbé
de ce nom, et le château du Jard celui dont la
possession lui fut acquise en devenant abbé de
l'abbaye du Jard. L'un était un héritage, l'autre
un usufruit. Il pouvait vendre le premier; il n'a-
vait pas le droit d'aliéner l'autre, qui appartenait
au clergé. Chaque abbaye un peu considérable,
personne ne l'ignore, avait son château, où était
le seigneur abbé titulaire.

Le petit château du Jard existe donc; mais il
n'est pas habité, le propriétaire du domaine ayant
préféré s'arranger un logement dans le couvent. J'ignore quelles sont les raisons de con-

venance ou d'économie qui ont dicté ce choix.

Ne demandez pas au petit castel abbatial, briqueté à la façon riante de la place Royale, tigré autour des croisées de ses trois étages par le moellon rougeâtre si cher aux temps d'Henri IV et de Louis XIII, ne demandez pas un vestibule spacieux, orné de colonnes, comme celui de Vaux. Il n'y a qu'un pas du seuil de la porte à la première marche de l'escalier intérieur, et cet escalier n'est ni froissé et contourné en coquille, à la manière du quinzième siècle, ni enrichi de revêtemens de marbre. C'est un escalier très-lourd, fait de larges et courtes marches, au bord desquelles s'élève une rampe grossière, en bois peint en gris. A chaque étage, le palier se déploie en deux ailes, dont il n'est pas difficile d'inventorier les distributions; car on ne connaissait guère autrefois l'art de subdiviser un appartement en une foule de pièces inconnues les unes aux autres, et réunies par des couloirs circulaires. On ignorait ces détours ingénieux qui isolent, comme dans un autre pays, la vie privée, aujourd'hui si amoureuse du recueillement et du silence. Trois ou quatre pièces, donnant l'une dans l'autre, composent le travail architectural de chaque étage. Au plafond, des poutres de châtaigniers en saillie; et pour croisées, de hautes meurtrières garnies de petits carreaux soudés avec du plomb. Des cheminées fuyant sous des manteaux de toute hauteur achèvent d'imprimer aux appartemens des anciens châteaux, et particulièrement à celui du Jard, cette couleur de naïveté qui en fait le charme un peu triste. Trait caractéristique d'un âge encore grossier, des solives énormes, perpendiculairement posées, prêtent leur appui aux plafonds, trop longs ou trop pesans pour se soutenir d'eux-mêmes. L'opulence seigneuriale les dorait avec goût d'emblèmes mythologiques; mais depuis que le temps et les mutilations ont enlevé cette parure, chaque pièce, ainsi hérissée de bâtons nus, ressemble à nos entreponts de vaisseaux.

Le mobilier ayant complètement disparu du petit château du Jard, on ne peut parler que des localités telles quelles. Le premier étage est le modèle du second, et le troisième n'est, ainsi que dans tous les châteaux de la même époque, qu'une suite de petites pièces destinées à loger la nombreuse domesticité de la seigneurie. On se figure sans peine l'ennui qu'aurait eu à vivre toute l'année dans cet amas de chambres froides et sans agrément le voluptueux abbé de Voisenon. Aussi habita-t-il peu le château du Jard dans sa jeunesse : il n'y séjourna avec assiduité que lorsque l'âge lui eut fait une nécessité de vivre loin des échauffans petits soupers de Paris et de respirer l'air gras de la Brie.

Il n'était pas le moins du monde l'homme des jouissances rurales, quoique sa seigneurie fût une des plus riches de France par les dîmes nombreuses qu'elle touchait : on lui en apportait de plus de vingt lieues à la ronde. Bestiaux, volailles, laitages, légumes, fruits, bois, poissons, gibiers, abondaient chez lui sans qu'il détachât un liard de ses revenus. Outre les dîmes, il pouvait imposer la corvée quand il avait besoin de remuer ses champs, couper son bois, faire ses vendanges et ses moissons. Heureuse opulence qu'il avait trouvée toute faite en naissant : roi dans son château, tout ce qu'il apercevait de sa croisée était à lui. Ces grasses fermes, qui sont aujourd'hui telles qu'elles étaient alors, se liaient à son domaine, et versaient leurs trésors dans ses caves et ses greniers. Ces incommensurables tapis de blé et d'orge étaient à lui comme ces moulins aux larges ailes, ces bois d'ormes, ces ruisseaux et tout ce qu'enferme l'horizon.

Ainsi est racontée l'origine du château du Jard. Un jour d'été que Louis le Jeune, marié depuis peu en troisièmes noces avec la belle Alix de Champagne, se promenait à travers champs dans les environs de Melun, il fut émerveillé, ainsi que la reine, de la richesse du paysage. Leur désir fut aussitôt d'avoir une habitation dans un endroit si beau, si fleuri, si tranquille et si rapproché de Melun, où était l'abbaye du Mont-Saint-Pierre, résidence aimée du roi. Les maçons accoururent, et la maison royale du Jard fut entièrement construite quelques années après. Ce vœu étant réalisé, les royaux époux en formèrent bientôt un autre, parfois plus difficile à être exaucé, celui d'avoir un enfant; car le roi se faisait vieux, et il ne voulait pas mourir sans un héritier de son sang. Courbé sous le poids de cette pensée ambitieuse, il s'achemina à pas de pèlerin vers le saint monastère de Cîteaux, célèbre à tous les titres, mais peu renommé jusque alors dans l'art aventureux de procurer à volonté des héritiers aux vieux rois de France. D'abord, les religieux se récusèrent, renvoyant à Dieu la faculté de faire naître des héritiers tardifs. Cependant le roi pria, pleura tant, que les moines crurent de leur devoir de promettre un fils à Louis le Jeune, qui se réjouit dans le fond de son ame, remercia comme un roi généreux remercie des moines, et rentra plein d'espérances nouvelles dans son château du Jard. La même année (1165), la belle Alix lui donna un fils qui fut Philippe, du surnom de Dieudonné, le même à qui de hauts faits d'armes valurent plus tard le titre non moins légitime d'Auguste. Ainsi Philippe-Auguste est né au Jard.

Quand le roi fut mort, Alix ralentit ses visites au château; et, en 1199, elle résolut enfin de ne jamais plus revoir un séjour où elle n'avait qu'à répandre des pleurs au souvenir de son mari. En recevant ses adieux, les moines lui exposèrent humblement qu'ils seraient bientôt obligés de l'imiter, si la Providence ne leur assurait un logement plus convenable que celui qu'ils occupaient. Touchée de leurs représentations, Alix leur offrit son château du Jard, que, cinq ans après seulement (1204), Innocent III érigeait en abbaye. Le palais se transforma en cloître, et sans coûter de fortes dépenses aux moines, si l'on songe à l'uniformité des constructions au treizième siècle. A l'abbaye ils ajoutèrent une église, qui fut terminée en 1287, et détruite en 93. Il ne reste de cet édifice, classé comme un souvenir somptueux dans la mémoire des plus vieux habitans de Voisenon, qu'une statue de saint Jean, oubliée au milieu du potager du propriétaire actuel. Grotesque relique! Les oiseaux n'en ont même plus peur, tant elle ressemble peu à une statue, et surtout à un saint.

Trois siècles de libéralités royales et de dons émanés de la générosité pieuse des vicomtes de

Melun élevèrent très-haut le trésor de l'abbaye et de l'église du Jard [1]

C'est à l'archevêque de Sens que les abbés du Jard juraient solennellement obéissance dans l'abbaye de Saint-Pierre de Melun. Quelques-uns méritent d'être cités, entre autres Pierre de Corbeil, archevêque de Sens, et Philibert Rabou, l'un des ancêtres de Gabrielle d'Estrées par les femmes. Le prédécesseur de l'abbé de Voisenon fut Chaumont de la Galaisière; et lui Claude-Henri Fusée de Voisenon, qui fut le dernier des abbés du Jard, fut nommé en avril 1742. Il est à remarquer ici que le Jard, ce lieu autrefois consacré par une abbaye royale et deux églises, n'a pas même aujourd'hui un curé pour dire la messe. Voisenon n'est desservi par personne.

Nous avons dit que l'abbaye du Jard, où l'abbé de Voisenon était censé remplir les fonctions de

---

[1] De son côté, l'église fut reconnaissante envers les vicomtes de Melun : elle gardait les tombeaux de Louis Ier, mort sous le règne de Louis le Jeune; de Guillaume, mort en 1221; de Jean II, que Louis X appelait notre cousin, et qui fit les fonctions de chambellan sous Philippe le Long, Charles le Bel et Philippe de Valois, sous le règne duquel il mourut, en 1347. Elle avait aussi les restes d'Adam de Melun, chambellan des rois Jean et Charles IV, mort en 1362; de Jean III, fait prisonnier avec le roi Jean à la bataille de Poitiers, et de Guillaume IV, tué à la bataille d'Azincourt, et ceux d'autres membres de cette illustre famille, dont la branche aînée s'est éteinte en 1759. La branche cadette se perpétue.

chef de la communauté, n'avait pas été entiérement sacrifiée aux nécessités d'une nouvelle destination. Une aile reste encore : c'est une longue construction d'un seul étage, éclairée par quatorze croisées, nombre égal à celui des croisées des salles basses. Tout cela n'est plus qu'un tombeau, et ce qu'il y a de plus triste au monde, un tombeau vide. Les pyramides d'Égypte ne sont pas plus éloignées de nous, comme antiquité, qu'un monastère sans le bruit perpétuel des cloches sur les toits, sans la chapelle dont les vitraux rougissent, flambent et bleuissent au soleil, couleuvres, flammes, roses et ruisseaux de pourpre ; sans vassaux apportant dans la cour, et de bien loin, les fruits, les gerbes, les poissons dans la nasse et les outres de vin. Il y a, dans le couvent du Jard, beaucoup d'écho, beaucoup d'humidité, beaucoup de silence et quelque chose de plus douloureux encore, une salle à manger au plain-pied, celle du propriétaire, sans doute.

Claude-Henri de Fusée de Voisenon était abbé du Jard et ministre plénipotentiaire du prince évêque de Spire. Son titre nobiliaire domanial lui venait de la terre de Voisenon, où il naquit le 8 juin 1708. On a trop insisté peut-être sur la débilité de la constitution qu'il apporta en naissant, et qu'il tenait, dit-on, de sa mère, femme excessivement délicate. Depuis Fontenelle et Voltaire, l'un mort presque à cent ans, l'autre à quatre-vingts ans passés, tous deux cependant venus au monde avec des chances fort douteuses d'existence, il est devenu très-hasardeux de déterminer la longévité par la naissance. On ajoute qu'une nourrice malsaine, aggravant la faiblesse héréditaire de l'enfant, mit dans son sang les germes de l'asthme dont il eut à souffrir toute sa vie, et dont il mourut. Ces faits acceptés, une mère maladive, une mauvaise nourrice, un asthme, de continuels crachemens de sang, il n'en serait prouvé que plus étroitement qu'on peut vivre encore jusqu'à soixante-huit ans, malgré ces graves désavantages. Que d'hommes bien constitués se contenteraient d'atteindre à cet âge! Et si l'abbé de Voisenon ne dépassa pas les bornes d'une vieillesse déjà fort raisonnable, il ne faut pas oublier qu'il se joua continuellement de sa santé avec l'imprudence d'un homme vigoureux; mangeant sans mesure, présidant tous les petits soupers, sans doute appelés ainsi par antiphrase; courant la nuit de salon en salon; ne se couchant qu'au matin, en digne élève de l'Hercule de la débauche, de Richelieu, son maître et son bourreau. Effrayé de son rachitisme, son père n'osa pas confier son éducation aux établissemens spéciaux; il le fit élever

sous ses yeux avec la patience d'un père et la sol-
licitude d'un médecin. Cinq années de soins suffi-
rent au développement de son intelligence vive,
claire, merveilleusement propre à recevoir et à garder les leçons de science et de goût de ses profes-
seurs. A onze ans, il adressa une épître à Voltaire,
qui lui répondit : « Vous aimez les vers ; je vous
le prédis, vous en ferez de charmans. Soyez mon
élève, et venez me voir. » Si Voisenon justifia la
prédiction, il n'alla guère au-delà du sens favorable
qu'elle enfermait. Verbeux, incorrects, pauvres
de formes, pâles et minces comme de l'encre de
Chine mal délayée, ses vers ont quelquefois de
l'esprit, parce que tout le monde en avait au dix-
huitième siècle ; mais à les classer avec indulgence
et s'en occuper, c'est en avoir beaucoup ; ils méritent d'être considérés comme de la limonade faite
avec des citrons dont Voltaire aurait exprimé tout
le jus.

A beaucoup d'égards, la prose du dix-huitième
siècle n'étant pas un art, mais une ressource ménagée aux esprits repoussés de la poésie, elle se
prêta mieux aux fantaisies paresseuses de l'abbé
de Voisenon. Ses facéties, ses historiettes, ses nouvelles orientales, réunies plus tard, du moins en
grande partie, aux œuvres du comte de Caylus et
en compagnie des contes libertins de Duclos et de

Crébillon fils, prouvent encore la facilité qu'il avait à ressembler à Voltaire, et à s'en tenir immensément éloigné. La plupart trop libres, trop indécentes, pour se montrer à côté des quelques morceaux, à grand'peine sérieux, qui forment ce qu'on appelle ses œuvres, elles figurent dans l'ouvrage que nous venons de citer, sous le titre de *Recueil de ces messieurs, Aventures des bals des bois, Étrennes de la Saint-Jean, les Écosseuses, les OEufs de Pâques*. On sait par les mémoires du temps qu'une société de gens de lettres, formée par mademoiselle Quinaut du Frêne, et composée de quatorze personnes choisies par elle, s'était proposé la haute et difficile mission de bien souper, d'avoir beaucoup d'esprit et beaucoup de gaîté. A la fin du semestre ou de l'année, on imprimait en manière de cotisations collectives, l'esprit des convives, et, je suppose, un peu aux dépens de leur gaîté. Privés de la joie des lumières, du pétillement des yeux, du cliquetis des verres et du bien-être si indulgent du dessert, ces libertinages de table ne sont que grossiers à quatre-vingts ans de distance. Les lectures et par conséquent les dîners avaient lieu, tantôt chez mademoiselle Quinaut, tantôt chez le comte de Caylus.

Le motif qui fit renoncer Voisenon au métier des armes, pour lequel il avait d'abord déclaré son penchant, malgré l'avis de son père décidé à le vouer aux ordres, mérite d'être rappelé au souvenir de ceux qui aiment à s'expliquer l'origine de la conduite des hommes de quelque valeur. Une expression inconvenante l'expose à souscrire à la réparation que lui demande un officier. Il se bat avec lui et le blesse. La désolante idée d'avoir été sur le point de tuer un homme offensé par lui trouble, change le cours de ses projets d'avenir : il ne veut plus être militaire; il court s'enfermer dans un séminaire, d'où il écrit à son père sa ferme résolution d'entrer dans la carrière ecclésiastique. Ce fut l'évêque de Boulogne qui l'ordonna prêtre et qui le choisit pour son grand-vicaire : fausse vocation par laquelle la France perdit peut-être un excellent officier, sans acquérir un bon ministre de la religion. On l'a loué avec raison et justice de deux faits extrêmement honorables. Un auteur avait écrit, dans un libelle, des injures contre sa personne, et parlé avec une profonde moquerie du style épigrammatique de ses sermons. D'un signe, l'abbé de Voisenon pouvait le faire enfermer dans une prison d'état pour vingt ans. Il court chez les juges, car l'homme était déjà arrêté; il obtient sa grâce et sa liberté. Quand celui-ci veut le remercier, Voisenon l'interrompt pour lui dire : « Vous ne me devez aucun remerciement; c'est à moi à vous en faire de m'avoir averti que les vérités de l'Évangile exigent de ceux qui les annoncent un style plus simple, un ton plus noble et plus grave ; je n'aurais pas dû l'oublier, et je vous promets de faire usage de vos conseils. » Il n'écrivit plus de mandemens.

Quelques années plus tard, il apprend que les habitans de Boulogne ont demandé pour lui au ministre la chaire de l'évêque Henriot, auprès duquel il était vicaire. Il court en poste à Versailles, et dit au cardinal Fleury : « Et comment veulent-ils que je les conduise, lorsque j'ai tant de peine à me conduire moi-même ? » Touché du bon sens exquis de ses répugnances, le ministre Fleury lui donna l'abbaye royale du Jard, gouvernement facile dont le siége était dans son château même de Voisenon.

Dès qu'il fut réellement une sommité ecclésiastique, il ne songea plus qu'au théâtre. Le nouvel abbé du Jard écrivit, d'après le vœu de mademoiselle Quinaut, *la Coquette fixée, le Réveil de Thalie, les Mariages assortis, la Jeune Grecque,* comédies de salon que le théâtre n'a pas gardées, et que la littérature ne sait où placer aujourd'hui, tant elles sont loin d'offrir une seule qualité recommandable. Le seul genre où l'abbé de Voisenon se serait peut-être distingué, c'eût été l'opéra, s'il eût été secondé par un musicien intelligent. Dans son talent baladin, il y avait le mouvement et la verve dégingandée des abbés italiens. Pourtant l'abbé de Voisenon a joui pendant sa vie d'une grande célébrité. Dans l'impossibilité de la justifier par ses œuvres, nous la faisons découler de son caractère aimable, de sa conversation épigrammatique, beaucoup de sa position dans le monde. En fallait-il davantage autrefois, quand le succès s'établissait non par la publicité des journaux, mais au courant de la parole, et sur un mot vite su, long-temps répété? On aurait tort de protester contre ce genre d'illustration : chaque époque a les siens : on est grand homme à présent par les journaux, on l'était autrefois par les salons. En général, on écrit mieux maintenant; mais où est l'écrivain de trente ans capable de créer et de soutenir un sujet de conversation au milieu de cent personnes distinguées? Les laquais de M. de Boufflers étaient probablement mieux à leur place dans un salon que ne le seraient les plus fiers écrivains de nos jours.

Ceux qui ont attribué les pièces de Favart à l'abbé de Voisenon, ou qui lui ont fait une large part de collaboration, n'ont lu avec quelque attention ni l'un ni l'autre de ces deux auteurs. Favart était un esprit réfléchi, pénétré des nécessités de son art d'écrivain dramatique, et le possédant à un degré qui n'a été surpassé que par M. Scribe. Entre Favart et l'abbé de Voisenon, il y a la différence qu'il importe de reconnaître entre un bon mot et un bon ouvrage. Le bon mot emprunté se trouve quelquefois dans le bon ouvrage; mais c'est le volé qui doit se glorifier. Du reste, l'abbé de Voisenon ne prétendit jamais aux succès de son ami Favart; il repoussa toujours, au contraire, des éloges que la jalousie lui envoyait. Une seule fois, et il ne s'agissait pas de Favart, il se permit de dire à la représentation du *Cercle,* comédie de Poinsinet : « Ah ! le fripon, il a écouté aux portes. » Raillerie fine, et sentant son véritable gentilhomme.

L'abbé de Voisenon et madame Favart sont deux personnages si habitués à se trouver ensemble, dans les mémoires contemporains, que parler de l'un sans s'arrêter un instant à l'autre, c'est presque mentir à l'histoire.

Le dix-huitième siècle eut une illustration charmante dans cette spirituelle et gracieuse madame Favart, amie fidèle de l'abbé de Voisenon, qui fut son confident, son guide dans quelques compositions littéraires, et mieux que cela, à en croire les mémoires du temps, impitoyables mémoires dont le jour est venu de se méfier un peu. S'il n'est pas commandé d'avoir une foi aveugle dans la vertu

des hommes et des femmes immolés dans ces petits
papiers impudens, il n'est pas de rigueur non plus
de ne jamais mettre en doute la véracité des Bachaumont ou des Pidansat de Mairobert, des Grimm
et autres fines commères de l'époque. Quoi qu'il
en soit, le mari de madame Favart était le fils d'un
pâtissier, dont la boutique fort en vogue avoisinait
le collége d'Harcourt : un homme de lettres fils
d'un pâtissier était un phénomène à étonner les
biographes d'autrefois, tandis que de nos jours, il
sera bientôt prodigieux d'avoir en littérature une
ascendance aristocratique; nous nous lasserions,
s'il nous fallait citer tous les chapeliers, tous les
négocians et même les épiciers dont les fils se sont
fait un nom, soit dans les arts, soit dans les scien-
ces : moins d'un siècle a fait tomber le Parnasse,
si Parnasse il y a encore, en pleine roture; je ne
sais qui aurait droit de s'en plaindre.

Après avoir fait d'excellentes études, avantage
qu'on a un peu trop déprécié depuis, à ce même
collége d'Harcourt dont son père était le fournis-
seur d'échaudés, Charles-Simon Favart, sans tour-
ner le dos au four honorable de la famille, s'essaya
dans les lettres par un genre d'ouvrage dramatique excessivement neuf, qui fut plus tard, et
presque tel qu'il fut créé, l'opéra comique. Son
meilleur début fut *la Chercheuse d'esprit*, chef-

d'œuvre pour le temps, et dont le souvenir ne s'est pas affaibli dans la mémoire de la génération qui a suivi. Nous ne dédaignerions pas de nous arrêter sur le mérite particulier des productions de cet écrivain, le premier en tête des auteurs d'opéras comiques, si nous pouvions nous éloigner de l'épisode de sa vie que marqua un malheur dont son adorable femme fut l'occasion, et le maréchal de Saxe la cause infâme. Ce n'est pas franchir les lignes du sujet que de parler de cet événement; car la famille de Favart fut celle de l'abbé de Voisenon, qui appelait, avec toute la sensibilité de l'amitié, et celle-là, il la possédait, Favart son neveu, et madame Favart sa nièce Pardine, petit nom de tendresse tiré d'une interjection familière à madame Favart.

En 1727 était née à Avignon, à quelques lieues du berceau de la Laure de Pétrarque, d'un père musicien et d'une mère cantatrice, Benoîet-Justine de Roncerey, intelligence franche, de son siècle par sa pétulante légèreté, et de tous les siècles honnêtes par sa fidélité réfléchie aux devoirs de la famille et de l'épouse. A cause de son nom d'origine noble, on l'appela du surnom de Chantilly. De main en main, la petite Chantilly, fêtée partout, traversa l'Allemagne, alors plus qu'aujourd'hui encore passionnée pour la musique, pour les livres, pour les opéras français. Quand mademoiselle du Roncerey ou plutôt la petite fée du nom de Chantilly, eut tari tous les baisers des souverains du Nord, et particulièrement les caresses des ducs de Lorraine, son étoile, une étoile étincelante et à facettes, comme son joli génie, la conduisit à Paris, et jusqu'à la porte de l'Opéra-Comique. Elle commença à figurer sur ce théâtre en qualité de danseuse : c'est aussi comme danseur, je crois, que Talma débuta quelque part : on voit qu'il ne faut qu'à demi se fier aux étoiles. Peu de temps après ses premiers débuts, Favart, qui écrivait pour l'Opéra-Comique, devint passionnément amoureux d'elle; on n'a pas d'idée des précautions délicates dont il s'entoure pour adresser l'expression de son amour à mademoiselle Chantilly, une simple et obscure actrice sous le règne de Louis XV, époque où l'on ne choisissait guère ses tournures de phrases en cultivant une tendresse de coulisses : comme il soupire à la lueur des quinquets ! comme il l'aborde avec respect quand le rideau est baissé ! comme il va sinueusement à elle, à travers les épaules déployées, les bras nus, les fronts altiers de ces dames ! Ses premières lettres d'amour, que nous avons lues avec autant de charmes au moins que celles de Rousseau à son idéale Héloïse, sont des modèles de simplicité et de candeur. Favart n'eût pas été plus réservé en écrivant à une fille de robe, cloîtrée dans un couvent des Minimes; ses intentions sont pures, ses vues, ses espérances sont honnêtes. Dès qu'on le voudra, il s'ouvrira à madame de Roncerey, à M. de Roncerey : plutôt mourir que de tramer une séduction ! Et Crébillon fils avait déjà écrit *l'Écumoire* et *le Sofa*, ces livres que vous connaissez, ou que pour votre honneur vous ne connaissez pas. Enfin il épouse mademoiselle de Chantilly, qui prend pour ne plus le quitter le nom de madame Favart. On ne sait point si les philosophes rirent beaucoup de ce mariage : cela dut être; le mariage était un acte trop sérieux pour que les philosophes ne s'en amusassent pas à leurs petits soupers. Ce qu'on sait, c'est que M. de Roncerey, qui ne crut pas avoir donné son consentement à ce mariage, trouva fort mauvais plus tard, lui, homme de race, et par occasion musicien ambulant, d'avoir pour gendre le fils d'un pâtissier de la rue de la Harpe; seulement il s'aperçut de cette tache de farine à son écusson, dans une circonstance où il fut soupçonné d'avoir moins songé à la dignité de son nom qu'aux intérêts privés et fort privés du maréchal de Saxe.

Il est temps de dire que le héros de Fontenoy, qui n'était en amour ni timide comme Turenne, ni continent comme Bayard, n'avait pu voir sans envie l'actrice dont Paris raffolait ; rien ne pouvait résister à un désir de ce grand vainqueur : il prenait des villes, des provinces, battait les plus grands généraux étrangers, allait à la cour en bottes ; il eût été plaisant, ma foi, que la Favart lui eût coûté plus de souci qu'une province.

Pour la rareté du fait, le maréchal voulut se persuader qu'on lui résisterait. Au lieu de commander l'assaut tout de suite, il traça, sans doute pour s'amuser, des circonvallations fort étendues autour de la gentille chanteuse de l'Opéra-Comique ; car elle jouait et chantait les opéras de son mari, de Sedaine et d'autres, et elle ne dansait presque plus.

Voici l'historique des préparatifs militaires que fit Maurice de Saxe pour s'emparer du cœur de madame Favart.

Depuis le cardinal de Richelieu, les grandes expéditions militaires traînaient toujours à leur suite, et traîner est le mot propre, des bandes de comédiens chargés d'amuser la maison du roi ou cellé de Monsieur : déplorables campagnes pour les pauvres comédiens, et que Scarron et Le Sage ont omis d'écrire avec leur admirable plume ! un chapitre qui est encore à faire ! Comme ils étaient traités ! payés fort peu, nourris encore moins, prisonniers souvent, tués quelquefois.

Cependant, sous le maréchal de Saxe, on commençait à avoir pour eux un peu plus de considération : on les traitait déjà comme des chevaux. Touché, ainsi qu'il a été dit, des grâces et du talent de madame Favart, le héros comprit qu'il fallait trancher du magnifique envers le mari dont il convoitait la femme. Lisons la première lettre qu'il lui écrivit du quartier-général :

« Sur le rapport que l'on m'a fait de vous, monsieur, je vous ai choisi de préférence pour vous donner le privilége exclusif de ma comédie. Ne croyez pas que je la regarde comme un simple objet d'amusement ; elle entre dans mes vues politiques et dans le plan de mes opérations militaires. Je vous instruirai de ce que vous aurez à faire à cet égard lorsqu'il en sera besoin. Je compte sur votre discrétion et sur votre exactitude.

» M. DE SAXE. »

Qu'on se figure le juste orgueil dont fut pénétré le bon Favart en recevant une lettre du maréchal de Saxe, où on le faisait entrer, lui, auteur de pièces de la foire, dans des *vues politiques* et un *plan d'opérations militaires !* De plus fortes têtes auraient vacillé. On devine sa réponse. Il ne répondit pas, il partit pour l'armée. Il se rendit à

Bruxelles, plein de la haute mission dont l'illustre maréchal allait le charger.

Arrivé au camp, il écrivit à sa mère les lignes suivantes, un peu moins pompeuses que ses premières espérances; on y voit ce qu'en parlant à Favart le maréchal entendait par vues politiques et opérations militaires.

« J'étais obligé de suivre l'armée et d'établir mon spectacle au quartier-général. Le comte de Saxe, qui connaissait le caractère de notre nation, savait qu'un couplet de chanson, une plaisanterie, faisaient plus d'effet sur l'ame ardente du Français que les plus belles harangues. »

Ils sont connus maintenant, ces plans militaires auxquels Favart était appelé à participer : il devait faire des chansons pour les mousquetaires rouges, et des plaisanteries pour les mousquetaires noirs. Néanmoins il jouissait de tout le crédit dû à sa position, et son influence, il est vrai de le dire, n'était pas arrivée au degré où il lui était donné d'aspirer avec le concours de sa femme, toujours et plus que jamais sollicitée par le maréchal. Quand celui-ci se fut assuré le mari et le comédien, il put faire comprendre à Favart, sans se laisser deviner, qu'une troupe comique comme la sienne, la première à la suite du premier corps d'armée du monde, serait trop fière de posséder la merveille de Paris, la charmante madame Favart. Ce n'était là qu'un vœu inspiré par un profond mérite; mais un vœu du maréchal n'était pas une parole vaine pour son excellent ami Favart. Favart n'eut pas le bon sens de voir un ordre dans ce désir, et il écrivit à sa femme en février 1746.

« Ma chère petite femme, j'arrive de l'armée, où j'ai obtenu de M. le maréchal la direction de sa troupe, conjointement avec M. Parmentier, malgré une foule d'envieux. Il ne me manque que la présence de Justine; dans tous les objets qui ont droit de plaire, je ne verrai jamais que mademoiselle de Chantilly. »

Quelques jours après, Justine de Chantilly, madame Favart, rompait son engagement avec l'Opéra-Comique, montait en voiture, et descendait à Gand dans les bras de son mari. Jusqu'ici, on le voit, le maréchal avait parfaitement réussi : il avait réuni la femme au mari, et il les tenait tous deux dans les limites de son camp; et le bon Favart se croyait le plus heureux des hommes : directeur de la troupe de M. le maréchal de Saxe! poète des vainqueurs! aimé d'une jolie femme de vingt ans!

Par moment, il écrivait à ses amis de Paris, tant sa joie le troublait : Nous avons pris une ville ; nous avons fait trois mille prisonniers ; nous avons perdu cinq cents hommes. M. le marquis disait : Palsambleu ! l'amour est un fat ; et le bonheur, s'il vous plaît ?

Ce n'est pas au moment où madame Favart était près de lui que le maréchal se serait montré moins généreux envers le mari, son directeur si habile. Il ne mit pas de termes à sa munificence. Favart n'en revenait pas ; il disait à sa mère, dans une lettre :

« Je suis à Louvain depuis huit jours, où je ne fais rien à présent. Toute l'armée est en mouvement, et marche du côté de Tongres pour s'opposer aux ennemis. Notre maréchal sait trop bien son métier pour laisser le succès douteux. En partant *il m'a envoyé deux très-beaux chevaux pour mettre à mon carrosse.* »

Voilà donc Favart en carrosse, et madame Favart aussi.

Il continue :

« M. le maréchal me donne tous les jours de nouvelles marques de sa bonté. Il vient encore de m'envoyer un lit de camp de satin rayé, de la couleur de celui qui tapisse ma chambre à Paris : c'est la plus jolie chose du monde. »

On remarquera sans peine, à propos de ce nouveau cadeau du maréchal, que la couleur de la chambre de Favart était présumablement la couleur de la chambre de sa femme. La distinction ne pouvait être faite par Favart, qui, applaudi, fêté, comblé de présens, de chevaux et de tapisseries, écrivait encore à sa mère, dans l'excès d'une reconnaissance trop grande pour ne pas être expansive :

« Ma chère mère,

« Je n'ai pas un quart d'heure pour me livrer au sommeil ; cependant je me porte bien, et je ne dois rien appréhender. M. le maréchal m'encourage : il m'a envoyé à Lière vingt-cinq bouteilles de son vin, marchandise fort rare en ce pays, à cause du séjour des troupes. »

Et quand le vin aurait été encore plus rare, et quand il n'y aurait eu qu'une seule bouteille de vin dans le pays, Favart pouvait-il manquer de l'avoir, lui l'ami du maréchal, lui le mari de madame Favart ?

Le maréchal, d'ailleurs, ne se croit pas encore

quitte avec Favart, qui lui est si utile dans ses plans militaires; ce serait de l'ingratitude. Le maréchal n'a été que juste envers lui : il tient à se montrer injuste pour les autres. Il est probable que ce fut une injustice indirectement commise au profit de Favart, que l'acte dont il se réjouit dans la même lettre à sa mère.

« Je suis maintenant maître absolu de toute la direction; tous mes intérêts sont arrangés; il ne reste plus qu'à calculer pour mon profit. Si chaque mois de l'année me produit autant que le dernier et le commencement de celui-ci, je retournerai à Paris avec cinquante mille francs de bénéfices. »

Enfin, ajoute Favart, et ceci peint combien il avait chaudement servi le maréchal, et combien, pour mieux dire, ils étaient liés, et liés à un point au-delà duquel il n'y a rien :

« J'ai encore pour ressource la bourse de M. le maréchal, qui m'a engagé d'y puiser toutes les fois que mes besoins le commanderaient. »

Toutes ces choses ayant eu lieu, politesses, confidences, cadeaux, prêts d'argent, voici ce que le maréchal de Saxe écrivait à madame Favart :

« Mademoiselle de Chantilly, je prends congé de vous. Vous êtes une enchanteresse plus dange-

reuse que feue madame Armide. Tantôt en Pier-
rot, tantôt travestie en amour, et puis en simple
bergère, vous faites si bien que vous nous enchan-
tez tous. Je me suis vu au moment de succomber
aussi, moi dont l'art funeste effraie l'univers. Quel
triomphe pour vous, si vous aviez pu me soumettre
à vos lois! Je vous rends grâce de n'avoir pas usé
de tous vos avantages; vous ne l'entendez pas mal
pour une jeune sorcière, avec votre houlette qui
n'est autre que la baguette dont fut frappé ce
pauvre prince des Français, que Renaud l'on nommait, je pense. Déjà je me suis vu entouré de fleurs
et de fleurettes, équipage funeste pour tous les favoris de Mars. J'en frémis; et qu'aurait dit le roi
de France et de Navarre, si, au lieu du flambeau
de sa vengeance, il m'avait trouvé une guirlande à
la main? Malgré le danger auquel vous m'avez exposé, je ne puis que vous savoir gré de mon erreur,
elle est charmante; mais ce n'est qu'en fuyant que
l'on peut éviter un péril si grand.

» Pardonnez mademoiselle, à un reste d'ivresse
cette prose rimée que vos talens m'inspirent; la
liqueur dont je suis abreuvé dure souvent, dit—on,
plus long-temps qu'on ne pense.

» M. DE SAXE. »

Tel fut, répétons-nous, le premier résultat des

présens faits à Favart : carrosse, chevaux, tentes, direction de théâtre, bouteilles de vin et argent prêté.

Effrayée avec raison de cette charge de grosse prose, qui fondait sur elle, sabre nu, mèche allumée, madame Favart s'échappa du camp du maréchal pour se réfugier à Bruxelles, sous la protection de madame la duchesse de Chevreuse. Toute négociation pacifique était désormais rompue. Maurice de Saxe, en apprenant cette fuite, se mit dans une colère épouvantable ; il la considéra comme une désertion sous les drapeaux : oser ainsi s'enfuir au moment où il croyait tenir la victoire ! Il parlait d'envoyer un détachement à la poursuite de la chaste évadée. Son indignation tomba sur le mari, qui, ne commençant pas encore à voir clair dans les galanteries du maréchal, écrivait à sa femme avec sa tendresse ordinaire :

« Mon cher petit bouffe ! ta santé m'inquiète beaucoup. Envoie-moi le certificat du chirurgien pour le faire voir à M. le maréchal. On doit écrire à M. de la Grolet pour savoir si tu es en état de partir pour l'armée ; on m'a même menacé de te faire venir de force par des grenadiers, et de me punir si j'en imposais sur ta maladie. Nous sommes ici fort mal ; je ne suis pas encore logé, et j'ai couché sur la paille, à la belle étoile, depuis que je t'ai quittée. Quoique ta présence soit ici nécessaire pour le bien du spectacle, quoique je brûle d'impatience de te revoir, ta santé doit être préférée à tout. »

Ainsi, comme on le voit par cette lettre, le maréchal de Saxe songeait à s'emparer du cœur de madame Favart à l'aide de ses grenadiers. Il ne croyait pas à la maladie qui lui avait fait inopinément abandonner le camp; personne n'y croyait d'ailleurs, excepté Favart, si aveugle, si crédule, si confiant dans l'amitié de son héroïque ami, le maréchal, qu'il ne devinait pas la cause pour laquelle lui, si fêté d'abord, couchait maintenant sur la paille, à la belle étoile. Sur la paille! lui, Favart, logé autrefois sous une tente rayée, promené en carrosse, buvant du meilleur vin du maréchal!

Cependant, malgré les menaces du maréchal et de son corps d'armée, madame Favart ne retourna pas au camp, mais à Paris, afin d'être plus loin encore des terribles tendresses de son persécuteur. Qu'allait devenir son mari? Triste retour de fortune! condamné à payer 26,000 francs qu'il ne devait pas aux propriétaires de la salle exploitée par sa troupe, il est obligé de quitter le Brabant, et par conséquent de laisser son théâtre dans une complète anarchie. A qui s'adressera-t-il pour obtenir justice? à qui? Mais au maréchal, se dit Favart; n'est-il pas mon ami, mon admirateur? Après avoir remis le Brabant aux troupes de Marie-Thérèse, le maréchal était allé à Paris, où l'on célébrait sa valeur sur tous les théâtres, dans des couplets chantés sous les balustres d'or de sa loge, en présence même du roi. A Paris, Favart obtint à peine quelques avares protections, dont il ne tira aucun avantage. Son théâtre était perdu pour lui. Quant au maréchal, il laissa Favart dans la position où il était, et où indubitablement il avait lui-même contribué à le mettre. Enfin, ruiné, tombé plus bas qu'au temps où il pétrissait des échaudés d'une main et où il écrivait des couplets de l'autre, une lettre de cachet le força à sortir de Paris. Strasbourg fut son refuge, un avocat son hôte généreux. Ce n'était encore là que la moitié des misères de Favart. Ne laissait-il pas sa femme à Paris, à la merci de celui dont la main avait signé sa lettre d'exil? sa femme, obligée de se montrer en public tous les soirs et de rentrer à minuit chez elle, n'ayant, au milieu des rues désertes, pour protection que celle d'une servante, et dans un temps où l'on enlevait en pleine impunité, surtout quand il s'agissait d'une actrice et d'une actrice de la Comédie-Italienne? Cependant Favart n'était pas

encore découvert ; et sa femme opposait une prudence à toute épreuve aux conspirations sourdes
dont elle était l'objet. Ils s'aimaient plus que jamais dans leur malheur commun : héroïque fidélité au dix-huitième siècle ! Toujours présens l'un
à l'autre, ils s'entendaient pour regarder la même
étoile à la même heure ; ils s'envoyaient des fleurs
qu'ils avaient portées ; et , à la fête de sa bonne
Justine, Favart lui écrivait, au risque d'éveiller la
police de Strasbourg rôdant autour de sa retraite :

« Je te souhaite une bonne fête, ma chère Justine ; sois heureuse autant que je me trouve malheureux d'être séparé de toi, et rien n'égalera ma
félicité. Reçois cette fleur fanée, arrachée de sa
tige : c'est le symbole d'un cœur flétri par une absence rigoureuse. Adieu ! que tous tes jours soient
des jours de fête ; mais , au milieu des plaisirs ,
songe que , si tu es formée pour exciter l'amour,
tu es née pour mériter l'estime. »

Il y a sans doute, dans cette dernière phrase, une
teinte de la sensibilité raisonneuse et antithétique
créée par Diderot dans les lettres , et par Greuze
dans la peinture ; mais n'est-il pas touchant néanmoins de voir encore une Héloïse et un Abailard à
cette époque de démoralisation universelle ? Voici

ce que madame Favart répondait à son mari : c'est à s'agenouiller devant tant d'honnêteté sans orgueil et sans paroles vaines. Grand Dieu ! qu'une femme en écrirait long aujourd'hui, si elle rendait le même service à l'honneur de son mari !

1749, Paris, 1er septembre.

« Le maréchal est toujours furieux contre moi ; mais cela m'est égal. Si tu veux, j'enverrai mon début à tous les diables, et je pars sur-le-champ pour t'aller retrouver. Il y a toujours un monde prodigieux quand je parais. Je viens dej ouer la danseuse dans *Je ne sais quoi*, et Fanchon dans *le Triomphe de l'Intérêt*. Le duo que j'ai chanté avec Rochard est aussi de ta façon ; il suffit qu'il vienne de toi pour que je le rende bien.

» On me menace qu'on va me faire beaucoup de mal ; mais je m'en moque ; j'irai de grand cœur demander l'aumône avec toi. Je suis pour jamais ta femme et ton amie,

» JUSTINE FAVART. »

C'est avec ce style que Laclos et Louvet de Couvray écrivirent des romans qui sont restés.

Justine Favart ne se borne pas à ces vives démonstrations d'une amitié tout d'une venue ; elle obtient de ne pas suivre la Comédie à Fontainebleau, où résidait la cour, et elle part pour Lunéville, où était son véritable roi, où Favart devait se trouver. Mais, à peine descendue dans cette ville, deux employés à la police tombent chez elle, l'arrêtent, et, sous prétexte de la conduire à Fontainebleau, ils la mènent au couvent des Andelys. Noble conduite du maréchal de Saxe ! le mari en exil, la femme au couvent.

L'acte est si odieux, que madame Favart ne pense pas à l'attribuer tout entier au maréchal, quoiqu'elle dise dans la première lettre datée de sa réclusion : *Je ne sais où l'on me mène; mais les plus grands supplices ne me feront jamais manquer à la vertu.*

Quatre jours après, elle apprend que c'est son père qui l'a fait enfermer, à cause de la prétendue illégalité de son mariage avec Favart. L'honnête M. Duronceray n'admet pas que sa fille ait épousé un homme de rien qui fait des pièces, lui qui faisait de la musique pour vivre !

« J'ai vu la lettre de cachet; c'est mon père qui m'a fait mettre ici. Ne perdez pas un instant; envoyez tous nos papiers chez le ministre, M. d'Argenson, et surtout le consentement de mon père, signé de sa main ; c'est le curé de Saint-Pierre-aux-Bœufs qui l'a. Je viens d'écrire à M. le maréchal de Saxe ce qui vient de nous arriver. Je suis sûre qu'il voudra bien s'intéresser à ce qui nous regarde, et nous rendra service dans cette occasion. »

Le service était parfaitement rendu, puisque c'était le maréchal de Saxe qui, d'accord avec M. Duronceray, avait fait cloîtrer madame Favart aux Andelys. L'illégalité du mariage n'était qu'une invention combinée par ces deux honnêtes personnes.

Du couvent des Grands-Andelys, d'où l'on craignait qu'il ne lui fût encore trop facile de faire parvenir ses plaintes, on la transféra au couvent d'Angers, comme une prisonnière d'état, elle dont tout le crime était, non pas de s'être mariée avec Favart, prétexte ridicule employé par un père plus ridicule encore, mais d'être du goût d'un maréchal allemand au service de la France. Plus on la tourmentait loin de son mari, dont le sort l'effrayait, et plus on espérait obtenir d'elle une rançon extrême, et qu'il n'est plus besoin de qualifier. On poussait la galanterie jusque là dans ces temps qu'on juge un peu trop frivoles. Les lettres de cachet, les prisons d'état, les lettres de bannissement, les couvens, sont choses assez sérieuses; et on en usait avec prodigalité, quoiqu'on s'en indignât et qu'on en rît beaucoup, deux signes incontestables de prochaine décadence.

Enfin le véritable auteur de ces basses et cruelles tyrannies, l'Anacréon sabreur, crut qu'il était temps de se démasquer, la plaisanterie ayant été poussée assez loin. Il prit sa plume ou sa cravache, et il écrivit sur ce ton à madame Favart :

LE MARÉCHAL DE SAXE A MADEMOISELLE DE CHANTILLY.

1749. 21 octobre.

« J'ai reçu, au moment où j'allais partir pour Chambord, la lettre que vous m'avez écrite de Lunéville, ma chère Fémine. Je n'ai point entendu parler de Favart. Vous vous pressez toujours trop. Il doit être bien flatté que vous lui sacrifiiez fortune, agrément, gloire, enfin tout ce qui eût fait le bonheur de votre vie, pour le suivre dans un genre de vie que la seule nécessité fait embrasser. Je souhaite qu'il vous en dédommage, et que vous ne sentiez jamais le sacrifice que vous lui faites. J'ai vu hier au soir M. le maréchal de Richelieu, qui était furieux contre vous, parce que M. Bérier lui avait échauffé les oreilles. Je rabats cependant tous les coups qui portent sur vous. Plus ne vous en dirai sur ce qui me regarde, vous n'avez point voulu faire mon bonheur et le vôtre : peut-être ferez-vous votre malheur et celui de Favart; je ne le souhaite point, mais je le crains. Adieu.

» M. DE SAXE. »

Pour bien comprendre le sens odieux de cette lettre, il faut dire ici que, poursuivi de ville en ville, Favart avait été réduit à se cacher dans une cave, où il peignait des éventails pour vivre; tâche qui, continuée long-temps sous des voûtes humides et à la lueur fatigante de la lampe, épuisa sa santé et altéra pour toujours sa vue. C'était son meilleur ami, le maréchal, qui lui avait ménagé cette affreuse existence, afin d'abaisser la résistance de sa femme. Ployant sous tant de persécutions, madame Favart, dit-on, céda enfin avec résignation, pensant que la vie de son mari valait bien un sacrifice qui ne déshonorerait que celui qui l'exigeait et ne savait pas le mériter. Aussitôt sa captivité s'adoucit : d'Angers elle passe à Tours, de Tours à Issoudun; et, quelques mois après, les deux lettres de cachet dont elle et son mari avaient été frappés sont révoquées. Elle et lui furent admirables dans leur constance à refuser, après leurs malheurs, tous les genres de réparation offerts par le maréchal. Tous les billets de mille et de douze cents livres qu'il leur envoyait étaient déchirés ou jetés au feu; et pourtant ils avaient à peine de quoi vivre après une longue absence de Paris et du théâtre, qui était leur profession. Cette conduite était généreuse ; elle devint noble à la mort du maréchal, arrivée à la suite d'une chute de cheval, le 30 novembre 1750. A cette occasion, le bon Favart écrivait ces lignes : « Je crois qu'il m'est permis de dire sur la mort de cet illustre homme de guerre ce que le père de notre théâtre disait sur le cardinal de Richelieu :

> Qu'on parle bien ou mal du fameux maréchal,
> Ma prose ni mes vers n'en diront jamais rien.
> Il m'a fait trop de bien pour en dire du mal ;
> Il m'a fait trop de mal pour en dire du bien. »

Tout s'éteint ensuite : plus de haines ; tout est dit. Favart et sa délicieuse femme rentrent au théâtre, l'un pour y écrire des petits chefs-d'œuvre, l'autre pour jouer avec le même succès qu'auparavant. Vingt ans s'écoulent dans cette heureuse union, qui, quoique très-étroite, admet cependant l'abbé de Voisenon, qui devient de la famille : triple amitié, où la bonté, l'indulgence et l'esprit remplacent les liens du sang.

Tout l'avantage de la comparaison entre le marquis de Brunoy et l'abbé de Voisenon appartient au premier, malgré de plus grandes folies, malgré de colossales extravagances, dont l'antiquité, à qui il est d'usage de tout rapporter, n'offre pas d'exemple. Si le marquis de Brunoy souille, de la base au sommet, le monument de la noblesse auquel il s'appuie, quel scandale plus profond ne cause pas l'abbé de Voisenon, en balayant de sa robe de prêtre les foyers de théâtres, la poussière des salons, les roses effeuillées sur les tapis des boudoirs, et en chantant toutes les Thémires fardées, toutes les Glycères en panier, toutes les Thaïs décolletées, toutes les Iris de son temps? L'un ne blessaitque l'honneur d'une institution humaine, utile peut-être; l'autre portait violemment atteinte à ce qui est un objet de respect pour tout le monde : il outrageait en face la religion dont il était le prêtre. C'est un prêtre d'un rang illustre, d'un nom remarquable, d'une position au-dessus des petits avantages que pouvait procurer la petite poésie athée en vogue et en crédit, sous la raison de commerce Voltaire et compagnie; c'est un prêtre qui fut presque évêque, et, ce qu'il y a aussi d'étrange, ce fut un prêtre toujours malade, qui rima des contes, des madrigaux et des épîtres si hardies, que les échantillons en sont difficiles à produire. Ouvrez ses œuvres, si vous êtes d'âge à cela, et vous serez édifié : *C'est un discours sur la nécessité d'aimer,* où l'abbé de Voisenon dit à Daphné, et Dieu sait ce qu'était cette Daphné :

> Ainsi l'amour de la voûte céleste
> Descend pour nous dans ce séjour funeste ;
> C'est dans ton sein qu'il retrouve aujourd'hui
> L'unique temple encor digne de lui.

Après ces jolies choses dites à mademoiselle Daphné, nous trouvons une épître de M. l'abbé *à mademoiselle Élie, qui voulait me faire son chapelain.* Quelle idée si extraordinaire, en effet, de choisir un prêtre pour chapelain ! Ne dirait-on pas que la proposition s'adressait à un mousquetaire ? Au reste, l'abbé de Voisenon ne la repousse pas ; il répond à mademoiselle Élie, qui prétendait le faire son chapelain :

> Le chapelain , rempli de ta divinité,
> Ressentira de plus grands troubles
> Que ceux que tourmentait l'oracle de Phébus ;
> Tous les jours seront fêtes doubles,
> Et les désirs feront le plan des orémus ;
> C'est dans tes yeux qu'on lira son rosaire ,
> Les amours répondront en chœur ;
> La relique sera ton cœur,
> Le mien sera le reliquaire.

Et non seulement ce malheureux abbé péchait pour lui, mais il se damnait pour les autres. Il avait du libertinage en magasin ; il en cédait à ses amis, qui l'envoyaient à leurs amies, à l'occasion d'une fête ou d'un mariage. Ainsi le grave Duclos s'adresse à lui, afin d'avoir quatre vers bien tournés pour envoyer à une mademoiselle Olympe; et aussitôt l'abbé prend la plume et intitule ainsi le quatrain demandé : *Vers au nom de Duclos, à mademoiselle Olympe, qui désirait une vierge qui était dans son lit.* Nous ignorons comment mademoiselle Olympe trouva les vers : quant à nous, nous les trouvons trop vifs pour les transcrire. C'est là le service qu'un grave historien obtenait d'un abbé au dix-huitième siècle.

Puis vient un madrigal sur les limbes ! oui, sur les limbes ! ce sujet de si sévères controverses ; puis *un envoi de M. le duc de Richelieu à madame d'Egmont, sa fille, en lui donnant un autel de l'amour.* Il a rimé pour l'historien, il rime pour un duc. C'est maintenant un peu son tour : *A madame de ***, qui m'apprenait à faire du filet, et à qui j'offrais mon premier essai de cet ouvrage.* Et il débute de cette manière :

> Saint Pierre, Vulcain et l'Amour
> Firent des filets tour à tour.
> Ceux de l'Amour, qu'on idolâtre,
> Forment le plus doux des métiers.

Ainsi les filets de saint Pierre n'ont que le dernier rang comparés aux autres filets. Il est à remarquer ici, comme ailleurs, que l'abbé de Voise-

non est toujours entraîné à prendre ses images
dans le domaine de la théologie. J'ai pensé que le
remords était pour beaucoup dans ses réminis-
cences pieuses, acharnées à le poursuivre. Cela est
d'autant plus vraisemblable, qu'il ne se montra
jamais ouvertement athée ni dans ses vers, ni dans
sa prose, ni même dans sa correspondance avec
Voltaire ; et l'occasion était pourtant assez belle !
Avec le patriarche il se rabat sur la tolérance,
thème élastique : il crie un peu contre la persécu-
tion ; mais au fond il n'attaque pas les bases de la
religion ; non que ceci l'excuse ; car, impiété pour
impiété, mieux vaut celle, s'il y a un choix à faire,
qui a pour elle les luttes et les fatigues du raisonnement que l'impiété infirme qui se compromet
sans réflexion et tombe dans l'abîme, non avec la
dignité du plongeur hardi, mais en deux doubles
et les yeux fermés. Satan est noble, les diablotins
sont ridicules. L'abbé de Voisenon ne fut jamais
qu'un diablotin en impiété.

Si l'abbé de Voisenon n'était pas un aigle en fait
de bon sens, que penser de M. de Choiseul, qui
voulut le faire nommer ministre de France dans
une cour étrangère ? l'abbé de Voisenon ! cet homme
que M. de Lauraguais appelait *une poignée de
puces !* Mais, s'il ne fut pas ministre de France, il
était écrit qu'il serait ministre de quelqu'un ; il

était trop incapable de l'être pour que cela n'arrivât pas. Quelques années après le projet ridicule de M. de Choiseul, le prince-évêque de Spire le nomma son ministre plénipotentiaire à la cour de France. Il ne lui manquait plus que d'être académicien : il le fut; il succéda à Crébillon, l'auteur d'*Atrée et Thyeste*.

Quand il fut nommé par le prince-évêque de Spire ministre plénipotentiaire à la cour de France, il reçut les félicitations du haut clergé, honoré dans sa personne d'une distinction aussi rare. Toute flatteuse qu'elle fût, cette mission n'arrêta pas cependant son entraînement vers le théâtre : l'eût-on fait pape, il aurait encore écrit des opéras et des vaudevilles à la face de la chrétienté scandalisée. Au nombre des nobles ecclésiastiques qui allèrent le complimenter, il s'en trouva un qui, s'étant présenté plus tard que les autres, et au moment où les réceptions semblaient épuisées, causa quelque surprise au château de Voisenon. Descendu à Melun, où il avait été invité à déjeuner par le chapitre, l'évêque de Meaux, qui n'était plus Bossuet, résolut, la journée étant belle, le chemin agréable, d'aller à pied et à travers champs de Melun à Voisenon, pour y apporter ses félicitations au ministre du prince-évêque de Spire. Tout en écoutant le bruit des cloches du couvent, *qui avait toujours quelque chose à sonner*, comme disait l'abbé de Voisenon, l'évêque de Méaux parvint, de sentier en sentier tracé dans la campagne, au château, où il n'était pas attendu. On était en automne : il y avait plus de fruits que de feuilles sur les arbres. Sous un pommier, l'évêque aperçoit, dans un costume fort différent du costume villageois, une jeune fille occupée à manger des fruits avec une avidité peu commune aux gens de la campagne. Son corset était en satin rose, semé de paillettes d'argent. — Qui êtes-vous? lui demanda l'évêque en s'arrêtant près de l'arbre. — Monsieur, je suis un *jeu;* mademoiselle, qui est sur l'arbre, est aussi un *jeu;* et nous mangeons des pommes, comme vous voyez. Après avoir regardé dans le pommier l'autre demoiselle qui était aussi un jeu, en corset amaranthe avec des paillettes d'or, l'évêque, fort entrepris, s'achemina vers le château. A vingt pas plus loin, dans la vigne, il voit luire des reflets rouges comme du feu, et il entend de grands éclats de rire : il s'avance, et il aperçoit d'autres jeunes filles, portant au-dessus du front des touffes écarlates, ayant des ailes et des pantalons de tricot. C'est du sortilége, dirait-on, pensa l'abbé, qui demanda cependant aux vendangeuses qui elles étaient. — Nous sommes une troupe de génies, et voilà deux *plaisirs,* répondirent-elles; n'avez-vous pas rencontré les *jeux* plus loin ? — J'ai rencontré les jeux, répliqua l'évêque plus pressé que jamais d'arriver au château pour avoir l'explication de ces étranges divinités en train de gaspiller la propriété de l'abbé de Voisenon. Que se passe-t-il donc ici ? murmurait-il. Je ne me suis pas trompé cependant ! je suis bien dans le château de Voisenon : voilà le château, voilà l'église, voilà l'abbaye. Des bruits nouveaux frappent encore son oreille dans une haie de groseilliers, plantée à très-peu de distance du château même. Il écarte quelques rameaux épineux, et il voit une fort belle femme ayant pour ceinture, sous son sein à demi nu, deux gros serpens en soie noire. On ne donna pas le temps à l'évêque de s'informer en compagnie de qui il se trouvait. — Si le voyageur est altéré, lui dit la joyeuse et belle femme de la troupe, il n'a qu'à cueillir des groseilles ; *la Discorde et sa suite le lui permettent.* — *La Discorde et sa suite !* s'écria l'évêque ; mais je suis donc à Saint-Lazare, parmi les fous ! Les *jeux* et les *plaisirs,* les *génies* et la *Discorde !*

Il touchait au seuil du château, dont quelques portes avaient été enlevées pour que le salon apparemment eût une plus longue perspective. Au moment où il entra, une femme vêtue d'une longue robe bariolée de figures astrologiques, le front étincelant d'une étoile en papier d'argent, vint à lui en chantant :

> Le soleil nous ramène au jour où tous les ans
> Le conseil souverain m'appelle :
> Évitez de l'Amour les piéges séduisans ;
> Souvent sa blessure est cruelle.

— Je ne comprends rien à tout cela, madame ou mademoiselle, dit l'évêque, dont la surprise devenait de l'inquiétude mêlée de honte; ne suis-je pas au château de Voisenon?

— Vous y êtes, monsieur, répondit une autre femme, qui, montrant des bras et des épaules nues sur une draperie blanche, se prit à chanter avec roulades ces paroles presque de circonstance :

> Aucun mortel ne peut pénétrer en ces lieux.

— Mais, mademoiselle, expliquez-moi... La demoiselle reprit :

> Comment effacer de mon cœur
> Les traits de ce mortel si tendre,
> Que m'offre un songe trop flatteur?
> Quel charme pourra m'en défendre?

Quelles paroles pour un évêque! Il ne savait que devenir, où aller, puisqu'il était au château. Dehors? mais dehors il y avait des *jeux*, des *plaisirs*, des *génies* et des *discordes*. Quand il interrogeait, on lui répondait en chantant. Cependant il dit avec beaucoup de douceur à la même personne :

— Je désirerais être présenté à M. l'abbé de Voisenon ; pourrais-je...

L'Amour est un dieu trop léger,
Il s'envole et produit la haine ;
Il sait nous cacher le danger.
Je ne veux point porter sa chaîne.

— Qu'il en soit comme vous le voudrez, madame ; mais je m'en irai sans avoir vu M. de Voisenon.

— Vous prenez assez mal votre temps, lui dit enfin en prose la folle chanteuse ; ne voyez-vous pas que nous répétons au château *Mirzèle?*

— Qu'est-ce que Mirzèle ? Oserai-je vous demander...

— Ah çà ! d'où sortez-vous ? Tout Paris sait pourtant à cette heure que M. de Voisenon achève sa féerie de *Mirzèle* pour la Comédie-Italienne ; et nous la répétons aujourd'hui. Et la preuve, écoutez-moi bien. C'est le morceau de Zéphis.

Jeune Mirzèle,
Voulez-vous voir vos jours par le bonheur formés ?
Aimez !
Zéphis, triste pour vous, Zéphis sera fidèle ;
Aimez !
Regardez à vos pieds l'amant que vous charmez.
Aimez !

Le plaisir dit, quand on est belle :
Aimez !

— Vous jouez donc ici la comédie ? demanda dans la plus profonde confusion l'évêque de Meaux.

— La comédie, non, mais l'opéra. Vous voyez en nous les artistes de la Comédie-Italienne, qui répètent, comme j'ai eu l'honneur de vous l'apprendre, la dernière féerie de M. de Voisenon.

— Et moi, pensa l'évêque en descendant les marches du salon pour s'en aller de ces lieux beaucoup trop mondains, qui croyais trouver ici des moines à profusion ! Comme il terminait sa triste réflexion, il entendit la voix des moines qui chantaient dans les corridors du couvent. Quelle bizarre impiété ! se dit-il en prêtant l'oreille tantôt au latin des moines, tantôt à la musique des chanteuses ; M. de Voisenon ne pense guère à son salut.

Sa méditation fut dérangée par une troisième voix chevrotante, mêlée de toux, qui grinçait ces paroles dans le salon :

Impitoyable Amour, dieu trompeur, dieu barbare,
Je connais de tes traits la perfide douceur ;
Je ne vois plus en toi qu'un tyran qui prépare
Les crimes des mortels, et la honte et l'horreur.

— A la fin, je vous trouve, monsieur de Voisenon ! s'écria l'évêque de Meaux.

— Monseigneur l'évêque de Meaux chez moi ! s'écria à son tour Voisenon un peu décontenancé, mais remis aussitôt. Monseigneur, vous arrivez à temps ; mes moines vont chanter vêpres : allons à la chapelle.

A cinquante-deux ans, toujours pour se défaire de son asthme, il voulut essayer de l'effet des eaux minérales sur son tempérament étiolé. Son voyage de Paris à Cauterets et son séjour dans ce bourg de bitume et de soufre, racontés par lui-même dans ses lettres, peuvent être considérés, à quatre-vingts ans de distance, comme une peinture histo-rique de la manière de voyager chez les grands seigneurs du temps, et comme les pages les plus vraies de la vie oiseuse, empaquetée, gourmande et chétive du narrateur : « Nous passâmes hier par Tours, dit-il à son ami Favart, dans sa première lettre datée de Châtellerault, et du 8 juin 1761, où madame la duchesse de Choiseul reçut tous les honneurs dus à la gouvernante de la province : nous entrâmes par le mail, qui est planté d'arbres aussi beaux que ceux du boulevard. Il y eut un maire qui vint haranguer madame la duchesse : M. Sainfrais, pendant la harangue, s'était posté précisément derrière ; de sorte que son cheval don-nait des coups de tête dans le dos de l'orateur, ce qui coupait les phrases en deux, parce que l'orateur se retournait; après il reprenait le fil de son discours : nouveaux coups de tête du cheval, et moi de pâmer de rire. A deux lieues d'ici, nous avons eu une autre scène : un ecclésiastique a fait arrêter le carrosse et prononcé un discours pompeux adressé à M. Poissonnier, en l'appelant mon prince. M. Poissonnier a répondu qu'il était plus, que tous les princes dépendaient de lui, et qu'il était médecin. — Comment! vous n'êtes pas M. le prince de Talmont? a dit le prêtre. — Il est mort depuis deux ans, a répondu madame la duchesse. — Mais qui est donc dans ce carrosse? — C'est madame la duchesse de Choiseul. Aussitôt il a commencé par la louer sur l'éducation qu'elle donnait à son fils. — Je n'en ai point, monsieur. — Ah! vous n'en avez point; j'en suis fâché. Ensuite il a tiré sa révérence.

» Adieu, mon bon ami. Nous arriverons à Bordeaux jeudi : je m'attends à me bourrer comme il faut. »

Édifiant état du haut et du bas clergé à cette époque! L'abbé de Voisenon voyage en carrosse pour se bourrer à Bordeaux, et un abbé affamé harangue à tort et à travers, pour avoir de quoi dîner, les premiers gentilshommes venus.

C'est à madame Favart que Voisenon écrit de Bordeaux : « Nous arrivâmes hier ici à dix heures du soir. M. le maréchal de Richelieu avait passé la Garonne pour venir au-devant de madame la duchesse de Choiseul. Il la conduisit dans sa belle frégate bien vernie, bien musquée surtout, et meublée d'un beau damas cramoisi avec des galons et des crépines d'or. Cette ville-ci est admirable avant que l'on n'y arrive ; tout ce qui tient à l'extérieur est tout au mieux ; mais ce qui m'afflige, c'est qu'on n'y voit point de sardines à cause de la guerre. Je ne savais pas que les sardines eussent pris parti contre nous ; je m'en vengeai sur deux ortolans que je mangeai hier à souper, et sur un pâté de perdrix rouges aux truffes, fait depuis le mois de novembre, à ce que dit M. le maréchal, et qui était aussi frais, aussi parfumé que s'il avait été fait la veille. »

Si l'on s'étonnait de ce qu'un asthmatique mangeât des perdrix et des truffes, sans être horriblement malade, l'étonnement ne serait pas long. Le lendemain, Voisenon écrivait à Favart : « Mon ami, j'ai passé une nuit affreuse ; je viens de fumer et de prendre mon kermès. Je ne pourrai voir aucune rareté de cette ville. Si je suis trois jours de suite à Cauterets dans cet état-là, vous me reverrez à la fin du mois. »

On croit que l'abbé va être plus sobre. Dans la même lettre, il ajoute : « La table, hier à dîner,

fut couverte de sardines : j'en mangeai six en six
bouchées; c'est un morceau délicieux; je compte,
malgré mon kermès, en manger autant aujourd'hui
avec mes deux ortolans. Nous partons demain, et
mercredi nous arriverons à Cauterets. »

Ainsi, malade, le 11, d'un monstrueux souper
pris le 10; le lendemain 11, il mange enfin des
sardines six par six, et encore des ortolans ! Le 18,
il écrit de Cauterets à Favart : « Je suis arrivé hier
en bonne santé; j'ai mal dormi, parce que la maison où je loge est sur un torrent qui fait un bruit
affreux. Ce pays-ci ressemble à l'enfer comme si
on y était, excepté pourtant que l'on y meurt de
froid; mais c'est une horreur à la glace, comme
était la tragédie de *Térée*. »

Et Voisenon écrit douze jours après, en s'adressant à madame Favart : « L'oncle de madame la
duchesse de Choiseul, qui vous faisait tant de com-
plimens dans le foyer, est arrivé d'hier : il loge
avec moi. Il trouve déjà que l'on mène une vie
triste ici. Je l'ai cependant présenté ce matin dans
la meilleure maison de Cauterets. J'avoue que j'y
suis les trois quarts du jour. Il n'y a point de femmes; mais il y a des choses dont je fais plus d'u-
sage; en un mot, c'est chez le pâtissier. Il fait des
tartelettes admirables, des petits gâteaux d'une
légèreté singulière, et des petites tourtes compo-

sées avec de la crême et de la farine de millet : on appelle cela des millassons. Je m'en gave toute la journée; cela fait aigrir mes eaux; cela me rend jaune; mais je me porte bien. »

Cette goinfrerie de l'abbé de Voisenon, toujours entre des pâtés et son tombeau, finit par être curieuse comme une étude. On tient à savoir qui l'emportera sur lui de l'asthme ou de la pâtisserie. « Mon cher neveu, continue-t-il d'écrire à Favart, c'est aujourd'hui que j'étouffe, mais par ma faute. Je dînai si fortement hier que je ne pouvais plus me remuer en jouant au cavagnole; j'étais si plein, que je disais à tout le monde : Ne me touchez pas, car je répandrai. Je soupai par extraordinaire; ma poitrine a sifflé toute la nuit, et j'ai actuellement dans l'estomac mes six gobelets d'eau, qui disent comme ça qu'ils ne veulent pas passer; je vais les pousser avec mon chocolat. Cela ne m'empêche pas de dire cette chanson :

> La sagesse est de bien dîner,
> En commençant par le potage ;
> La sagesse est de bien souper,
> En finissant par le fromage.
> On est heureux si l'on peut se gaver,
> Et si l'on digère on est sage. »

Et plus loin il ajoute : « Je me baigne tous les matins; je ressemble à une allumette que l'on soufre.

Je m'en porte assez bien ; cependant j'ai des ressentimens de mon asthme, dont je ne guérirai jamais. »

Il était difficile qu'il guérît avec ces malheureux excès de table qui auraient tué un homme sain et vigoureux. Inutilement vous chercheriez dans sa correspondance avec Favart et sa femme une seule pensée détachée des plaisirs de la bouche. On a lu avec quelle estime il cite un pâtissier établi à Cauterets, fameux par ses tourtes. Son bonheur ne devait pas s'arrêter là. « Un second pâtissier, s'écrie-t-il, sur ma réputation, est venu s'établir ici : tous les jours il y a une émulation et un combat entre ces deux artistes. Je mange et juge : c'est mon estomac qui en paie les dépens. Je vais au bain et je reviens au four. Je reviendrai dans le temps des grives ; j'en ferai manger à ma petite nièce (madame Favart). Vous les effaroucherez, et moi je les tuerai. Nous avons ici des perdreaux rouges que l'on apporte de toutes parts : ils sont délicieux. »

Enfin il resta si long-temps aux eaux, où il était allé uniquement pour se soigner et vivre dans la plus rigoureuse sobriété, que la veille de son départ de Cauterets il écrivait tristement à madame Favart : « Je suis tel que vous m'avez vu : quelquefois asthmatique, me traînant toujours et me livrant trop à ma gourmandise. » Les douleurs qu'il éprouva pendant son séjour à Baréges, avant son retour définitif à Paris, sont la preuve du déplorable résultat des eaux minérales sur sa santé. « Je suis, de mon côté, souffrant comme un malheureux, et je suis actuellement dans une attaque d'asthme si violente que je ne puis douter que ce ne soit l'air de ce pays-ci qui me soit aussi contraire que celui de Montrouge. Si je suis demain aussi mal, je retournerai passer la semaine à Cauterets, et samedi j'irai à Pau, afin d'y attendre les dames qui y passeront lundi pour gagner Bayonne. Je suis sûr que je serai dans un cruel état pendant la route. »

Tel fut le bienfait qu'obtint l'abbé de Voisenon d'une résidence de quatre mois aux eaux de Cauterets et de Baréges. Il retournait à Voisenon infiniment plus malade qu'il ne l'était en partant. La veille même du jour où il monta en voiture pour rentrer chez lui, où il voulait, comme il le dit quelque temps après, *se trouver de plain-pied avec les tombeaux de ses pères*, il se livra à un monstreux dîner sur les montagnes de Baréges. Un poète aurait salué la nature d'un adieu touchant; lui mangea comme un ogre : « Mes porteurs étaient des chèvres plutôt que des hommes, qui sautaient de rochers en rochers, qui descendaient dans des endroits si escarpés, que, si je ne m'étais pas cramponné contre ma chaise, je serais tombé vingt fois dans des abîmes. Nous arrivâmes à un lac qui a une grande lieue de circonférence : l'eau en est bleue, vive et claire comme celle de la mer ; nous fîmes pêcher des truites que nous mîmes griller sur-le-champ dans la cabane d'un Espagnol ; elles étaient bien saumonées et d'un goût merveilleux. Nous avions porté beaucoup de daubes, de rôti froid, des fricassées de poulet dans des pains, des tartes et des pièces de pâtisserie délicieuses. Je mangeais à effrayer toute la compagnie ; l'air de la montagne m'avait donné un appétit dévorant : on ne pouvait pas concevoir comment une aussi mince personne avait un aussi grand estomac. J'espère arriver à Paris le 2 octobre ; je compte que nous coucherons à Belleville dès le lendemain. »

Cette citation est prise de la dernière lettre écrite des eaux par l'abbé de Voisenon. A Belleville, où il parle de se rendre, était la petite maison de campagne de Favart, qui y recevait ses amis, le vieux Crébillon, Boucher et Vanloo. Voisenon y avait sa chambre, comme, du reste, il en avait une chez tous ses amis. Sa vie s'éparpillait comme ses petits vers et ses dîners. Cependant l'époque approchait où sa déplorable santé allait l'obliger à ne plus quitter son château de Voisenon, habité plus souvent que par lui, jusque là, par son frère et sa belle-sœur, excellentes personnes pleines d'indulgence pour ses mœurs décousues. L'air de la Brie lui rendait parfois des apparences de santé dont il abusait bien vite. Sans son estomac, qui a une si large part dans son histoire, il aurait réuni en lui les deux belles qualités exigées par Fontenelle pour atteindre à une grande longévité : *Un bon estomac et un mauvais cœur*. Il n'eut qu'un mauvais cœur, non qu'il fût ingrat ou dur; mais il était indifférent au suprême degré, et c'est là ce qui constitue le mauvais cœur, selon Fontenelle. On ne saurait en avoir de meilleures preuves que la lettre suivante écrite par lui à Favart du château de Voisenon, où il était réinstallé. C'est, du reste, une des plus jolies pages qu'il ait écrites de sa main si paresseuse et si peu châtiée. Nous la mettons à côté des plus adorables facilités de madame de Sévigné, cette divine plume.

Il s'adresse encore à Favart.

« Mon cher neveu,

» Depuis jeudi je m'engraisse d'ennui, et j'éprouve que rien ne rend plus imbécile que de s'ennuyer. Ma tête ressemble à un terrain sablonneux où rien ne peut pousser; c'est le jardin de Belleville, il n'y pousse que des lilas, et c'est ma petite nièce qui est le lilas, à l'exception qu'elle s'y maintient toujours en fleurs, et que les lilas de Belleville passent au bout de quinze jours. J'ai eu la visite de mes moines; il y en avait un très-sourd qui est mort; mais ceux qui entendent et qui ne comprennent point sont restés. Je me promène les après-dîners. Il fait un froid excessif; cependant tout mon bois n'est qu'un tapis de bouquets jaunes et de violettes. Ils semblent dire à mon neveu : Venez, venez, afin de nous chanter; et à ma nièce : Venez, venez, afin de nous parer. Vous êtes de bien mauvaises gens de n'être pas venus passer quelques jours avec nous. Ma belle-sœur me charge de vous en faire des reproches, aussi bien que de votre silence à son égard. Je ne la vois qu'à dîner. Je rentre à la fin du jour, je prends mon chocolat, et je suis dans mon lit à neuf heures et demie au plus tard. J'ai ici un architecte qui fait le mémoire et le plan de tous les ouvrages de mon église; il en viendra demain un autre pour attester la vérité de tout ce que celui-ci inventera, et l'on agira ensuite.

» J'eus hier un spectacle bien triste, mon bon ami, et qui me fit pleurer. Nous avons dans le village une Jeannette fort jolie; son mari est mort avant-hier; je trouvai l'enterrement le soir : la bière était dans une charrette, et la petite veuve se précipitait sur son pauvre mari en faisant des cris affreux. Ah! pauvre Jeannette, disait-elle, pauvre Jeannette! que vas-tu devenir? Quoi! mon cher homme, tu n'es plus avec ta femme; je ne te verrai donc plus? Et mes malheureux enfans, qu'en ferai-je? Ah! mon pauvre cher homme!

Je n'ai jamais vu une douleur aussi violente, aussi sincère, aussi communicative; ce nom de Jeannette rendait, il est vrai, la chose bien intéressante; tous nos poëtes tragiques se feraient péter les veines avant d'être aussi touchans. Je crois même que le grand Opéra, malgré ses beaux sentimens, ne l'est pas autant. Votre lettre m'a bien fait rire, Fumichon; écrivez-moi souvent, etc. »

Le ton vrai, les lignes abandonnées de cette jolie lettre, contrastent singulièrement avec la comparaison du grand Opéra et les paroles insoucieuses de la fin. L'homme est là tout entier, mais l'homme touché, à son insu et comme malgré lui, du spectacle d'un beau printemps et d'une douleur déchirante.

Voyant que les eaux n'amélioraient pas sa santé, si toutefois il avait jamais eu une santé, l'abbé de Voisenon abandonna les médecins et leurs ordonnances infructueuses pour chercher ailleurs des remèdes à la guérison de son asthme de plus en plus fatigant à mesure qu'il vieillissait. Comme il parlait toujours de son mal, et qu'on lui en parlait sans cesse pour lui faire la cour, il lui fut dit, un jour, qu'il existait quelque part dans une mansarde de Paris un abbé extrêmement savant en chimie occulte, un adepte du grand Albert, le maître des maîtres dans l'art des empiriques. Comme tous les sorciers, et comme tous les savans du xviiie siècle, cet abbé était dans une affreuse misère, dans un dénuement de poëte. Celui qui avait le secret des plantes et des minéraux, du feu et de la lumière, de la génération des êtres, n'avait pas celui de se procurer une soutane et du pain. Il montait, par les efforts de la magie, jusqu'au dernier cristallin sans pouvoir se maintenir plus d'un mois dans le même appartement à cause de son indifférence envers les propriétaires. A cela près, c'était un être merveilleux, inventant des spécifiques pour guérir toutes les maladies, et l'asthme par conséquent. On se disait même à voix basse, avec une espèce d'effroi, car on était très-superstitieux au xviiie siècle, quoiqu'on fût très-athée, que ses spécifiques se réduisaient à un seul : l'Or Potable. Chacun sait que l'or potable, or froid et liquide comme le vin, bu à certaine dose, combat toutes les maladies et en triomphe, est la santé même, la jeunesse perpétuelle, cela va sans dire, et ne serait pas moins que l'immortalité, si Paracelse, qui avait trouvé aussi l'or potable dans sa panacée, ne fût mort à trente-trois ou trente-cinq ans. Voisenon n'eut plus qu'une pensée, celle de voir ce magique abbé, et de l'attirer à son château. Désir insensé, monstrueux : car le Prométhée repoussait toute avance. Poursuivi par la faculté, cassé par le tribunal ecclésiastique, maltraité par la police, qui ne veut jamais qu'on fasse de l'or, il avait renoncé, dans sa misanthropie sauvage, à soulager l'humanité aux dépens de son repos et de son salut. Terrible perplexité de l'asthmatique Voisenon, qui ne se mit pas moins en campagne pour découvrir le grand médecin.

Où trouver un sorcier à Paris ? à qui s'adresser décemment ? à quelle catégorie de profession ? Il y a tant de gens prêts à rire des choses les plus respectables ! Toutes les fois que Voisenon coudoyait, aux Tuileries ou au Palais-Royal, une soutane en lambeaux, il s'imaginait avoir heurté son homme. Aussitôt il entrait en conversation, cherchait à lier connaissance, et il palpitait d'espérance jusqu'au moment où l'erreur se dévoilait. Il se désolait alors de nouveau, toussait et recommençait le lendemain ses voyages à la découverte de l'or potable. Il eut un jour une soudaine illumination. Puisque l'archevêque de Paris a censuré la conduite de l'abbé que je cherche depuis si long-temps, se dit-il, l'archevêque doit savoir où il est logé. Comme si les sorciers étaient logés! Dans la même journée, il parut à la chancellerie de l'archevêché. Si l'on demandait pourquoi Voisenon ne disait pas aux personnes qu'il interrogeait le nom de cet introuvable abbé, c'est qu'il ne savait pas ce nom. Les magiciens ne se font guère connaître que par leurs œuvres. Cependant il allait bientôt le savoir, à sa grande, à son indescriptible joie. Après quelques recherches faites dans les registres de la chancellerie épiscopale, on lui apprit que l'abbé, déplorable sujet à tous les titres, s'appelait Boiviel, et logeait, au moment des poursuites exercées contre lui, rue de Versailles, au faubourg Saint-Marceau. Voisenon y était déjà. Quelle rue que la rue de Versailles! elle est épouvantable aujourd'hui ; et pourtant elle s'est considérablement embellie depuis le dix-huitième siècle.

Il frappe à tous les chenils : aucun aboiement ne répond au nom de l'abbé Boiviel. Enfin, à un septième étage au-dessus de la boue, une vieille femme lui apprit, dans une soupente où l'on parvenait au moyen d'une échelle de corde, que l'abbé Boiviel avait quitté l'appartement depuis environ six mois pour aller se loger à Ménilmontant; elle ajouta que ce délai laissait supposer qu'il avait nécessairement dû changer de logement cinq ou six fois pendant ces six mois. Contrarié, mais non découragé, Voisenon descendit de la soupente en réfléchissant sur l'état de détresse auquel pouvait être réduit un homme qui fait de l'or potable.

Un hasard incroyable voulut que l'abbé Boiviel n'eût changé que trois fois de demeure depuis sa sortie de la soupente de la rue de Versailles. De Ménilmontant il avait déménagé pour Passy; de Passy il était allé se loger à la Chapelle, où il résidait.

Enfin les deux abbés se rencontrèrent; mais à quels ménagemens ne fut pas obligé d'avoir recours l'abbé seigneur de Voisenon en abordant l'abbé déguenillé, qui faisait en ce moment son déjeuner sur une chaise. Il avait trop d'esprit pour ne pas traiter le plus tard possible du sujet de sa visite. Qu'importaient les lenteurs? il avait là, devant lui, il tenait le médecin mystérieux, infaillible, le successeur du grand Albert.

Boiviel fut encore plus sauvage et hargneux qu'on ne l'avait dépeint à l'abbé de Voisenon. Il parlait de se présenter à la société des Missions étrangères, afin d'être chargé d'aller prêcher le christianisme au Japon, quoiqu'il ne crût pas beaucoup au christianisme. Et moi, je ne crois pas au Japon, aurait peut-être ajouté l'abbé de Voisenon, s'il eût eu dans ce moment l'esprit porté à la plaisanterie. Il fut bouleversé en entendant émettre un pareil projet. Quand il avait enfin trouvé l'abbé Boiviel, l'abbé Boiviel irait se faire crucifier au Japon!

Inspiré par la circonstance, cette dixième muse qui vaut les neuf autres, Voisenon dit à Boiviel qu'il savait toutes les persécutions que lui avait fait endurer le clergé de Paris pour des causes qu'il voulait ignorer; il se garda de parler de l'or potable. Touché de tant de constance dans son malheur, il venait proposer à l'abbé Boiviel d'habiter son château de Voisenon, où, dans le repos et une vie exempte de soins matériels, il aurait des loisirs pour méditer et pour écrire. Sa démarche, hardie en apparence, était excusable, à la juger avec indulgence: il était heureux, riche, puissant même; ne devait-il pas l'appui de la confraternité à un membre du clergé moins riche, moins heureux que lui? L'abbé Boiviel serait comme chez lui à Voisenon; son indépendance n'en souffrirait pas; quand il serait las d'y séjourner, il le quitterait pour y revenir toutes les fois que cela lui conviendrait. Le sanglier se laissa museler; le soir, une bonne voiture conduisait au château de Voisenon le chimiste, le sorcier, le magicien Boiviel. J'aurai mon or potable, se disait l'abbé de Voisenon en toussant comme toujours.

Installé au château, l'abbé Boiviel se plia à l'existence monacale qu'on y menait; un aussi bon régime adoucit son caractère et ses mœurs. Il ne parla plus de s'expatrier au Japon ; mais il ne parlait pas non plus de l'or potable, quoi que Voisenon tentât pour le faire s'expliquer sur ce point essentiel. Dès qu'il abordait les questions de chimie et d'alchimie, Boiviel évitait de répondre, ou tombait dans une profonde taciturnité ; et pourtant on avait payé ses dettes, tous ses loyers, tous ses dîners à *la Croix de Lorraine*, mémorable taverne où mangeaient les abbés qui avaient quinze sous par messe dite à Saint-Sulpice ; on lui avait acheté plusieurs soutanes, plusieurs paires de bas et beaucoup de chemises.

Au bout de trois mois de résidence au château, il était devenu gras, frais et rose comme il ne l'avait jamais été à aucune époque de sa vie. Enhardi par l'amitié qu'il avait montrée à son hôte, Voisenon osa dire un jour à l'abbé Boiviel que tout esprit fort qu'on le croyait dans le monde, il avait une foi absolue à l'alchimie : il ne niait ni la pierre philosophale, ni la panacée, ni l'or potable. Boiviel ne put plus reculer : admettait-il ou n'admettait-il pas l'or potable ? Il y croyait ! mais, selon lui, c'était un grand péché d'en composer ; Dieu s'en offensait : c'était, pour ainsi dire, porter atteinte aux décrets de la création que de changer en eau ce qui avait été créé pour être métal. Un sorcier à scrupules religieux embarrassait étrangement l'abbé de Voisenon. Cependant il ne renonça pas à sa conquête de l'or potable : il attendit encore trois mois ; et pendant ces trois mois, nouveaux agrémens ménagés à Boiviel, qui s'habituait au bonheur avec résignation.

Traité comme ami, appelé de ce nom, Boiviel autorisa l'abbé de Voisenon à lui dire, dans un moment d'épanchement, qu'il n'avait plus d'espoir que dans l'or potable pour guérir de son asthme. Sans ce spécifique autant au-dessus des autres remèdes que le soleil l'emporte sur le feu, il n'avait plus qu'à mourir. Boiviel fut ému, ébranlé, et sa conscience céda à la voix de l'amitié. Seulement il dit à son ami que, pour faire un peu d'or potable, il fallait beaucoup d'or solide. Le premier essai coûterait dix mille livres au moins. Voisenon, qui en aurait donné vingt mille pour ne plus souffrir, consentit au sacrifice, et il remercia son futur libérateur, qui, dès le lendemain, commença le grand œuvre. Quelle sage lenteur il y apporta ! Les jours suivaient les jours, les mois suivaient les mois ! pas de l'or, si ce n'est celui que versait en pièces de vingt-quatre livres l'abbé de Voisenon. Le jour vint cependant, les dix mille livres étant épuisées, où Boiviel dit au malade que l'or potable était en flacon, et qu'il serait bon à boire dans un mois.

Ce fut pendant ce mois que l'alchimiste Boiviel prit congé de l'abbé de Voisenon pour aller voir son vieux père qui habitait la Flandre. Avant deux mois il serait de retour au château, et il y arriverait à temps pour constater les heureux effets de l'or liquéfié. Embrassé de son ami, comblé de présens, sollicité de revenir le plus promptement possible, Boiviel quitta le château de Voisenon, où il avait vécu près d'un an, et l'on a vu de quelle manière.

Après le temps indiqué par Boiviel pour que l'or fût potable, l'abbé de Voisenon commença son traitement. Il vida le premier flacon, le second, le troisième, attendant avec une sage patience que le résultat pût se manifester. On n'apaise pas un asthme en quelques jours, un asthme de quarante ans au moins.

Boiviel ne revenait pas : depuis quatre mois il était en Flandre ; aux quatre mois en succédèrent quatre autres : pas de Boiviel. L'année allait être révolue ; les flacons diminuaient : pas de Boiviel.

Il est inutile de dire que l'abbé Boiviel ne reparut plus, qu'il n'était pas moins qu'un charlatan et un voleur. Mais ce qui est singulier à dire, c'est que l'abbé de Voisenon se trouva beaucoup mieux de son asthme, après avoir bu de l'or potable composé par Boiviel. Et son regret, à la fin de ses jours, fut de n'avoir pas prévu la mort ou la disparition, tout aussi pénible, de son alchimiste; il lui aurait fourni les moyens de composer, en plus grande quantité, de l'or potable. En le ménageant trop, l'or opérait moins sur ses organes, il ne hâtait pas assez vite son retour à la santé : raisonnement profond, mais un peu ébranlé par ce fait que ne connut pas l'abbé de Voisenon, c'est qu'il mourut de l'asthme.

Pour se montrer supérieur aux assauts du mal, il feignait souvent de se croire aussi dispos qu'autrefois, plus dispos même qu'il ne l'avait jamais été dans sa jeunesse : il quittait alors son fauteuil où il gémissait de l'asthme; il repoussait les oreillers d'un côté, son bonnet de coton de l'autre, lançait ses pantoufles loin de lui, et il appelait à tue-tête ses domestiques. Dans un de ces triomphes menteurs de sa volonté sur sa chétive organisation, il éveilla un matin, pendant l'hiver, son valet de chambre.

— Ma culotte de drap! ma culotte de drap! criait-il.

— Mais, monsieur l'abbé, y songez-vous ? Vous avez été au plus bas hier au soir, lui objecta timidement son fidèle domestique.

— C'est possible; hier soir ne me regarde pas :

ma culotte de drap! — donne! — maintenant, mon gilet fourré! — va donc!

— Mais, monsieur l'abbé, pourquoi quitter votre chambre, votre bon fauteuil? vous êtes si pâle!

— Je suis pâle, dis-tu? cela va donc mieux que jamais; j'ai été jaune comme un coing toute ma vie. — Bien! j'ai mon gilet, ma culotte : — apporte ma redingote.

— Votre redingote! que vous ne mettez que pour sortir?

— C'est aussi pour sortir que je la demande. Tu raisonnes comme un pur valet de comédie, aujourd'hui; pourquoi ne mettrais-je pas ma redingote pour sortir? As-tu peur que je ne l'use trop? Voudrais-tu me la voler plus neuve?

— J'ai peur que vous ne gagniez un redoublement de toux, si vous ne gardez pas la chambre. Il fait très-froid ce matin.

— Ah! il fait froid; eh! mais tant mieux, j'aime le froid.

Il neige même beaucoup, monsieur l'abbé.

— En ce cas, mes grandes bottes polonaises.

— Vos grandes bottes polonaises? et dans quel but?

— Probablement ce n'est pas dans le but de faire un poème; car si Boileau a dit fort sensément que, pour écrire un poème, il fallait du temps et du goût, il n'a pas ajouté que des bottes fussent né-

cessaires. Encore une fois, je veux mes bottes polonaises pour aller à la chasse. Est-ce assez clair,
monsieur Mascarille ?

— A la chasse à la maladie, monsieur l'abbé.

— Maraud ! à la chasse au loup, dans le bois.

— Allons, vite ! mes bottes, et pas de dialogue.

— Voilà vos bottes, monsieur l'abbé. En vérité,
vous n'avez pas de pitié de votre santé !

— Aurais-tu aussi des intentions sur mes bottes ?
Fais-moi la grâce de m'apporter, valet discoureur,
mes gants de daim, mon feutre et mon fusil.

— J'y vais, monsieur l'abbé.

Tandis que le valet cherchait les gants et le chapeau de son maître, l'abbé ouvrait la croisée et
appelait le palefrenier. D'impatience, il appelait
plus fort, sifflait, et jurait même quelquefois.

— Ah ! vous voilà : c'est bien heureux, ma foi !
monsieur le palefrenier. Réunissez mes chiens, dé-
tachez-en trois : je pars à l'instant pour la chasse,
et j'emmène avec moi Misapouf, Aménaïde et
Zaïre. Laissez reposer mademoiselle Deschamps,
qui s'est foulé la patte l'autre jour, au ru de Sa-
vigny.

— Je vais les tenir prêts, monsieur l'abbé.

L'abbé de Voisenon fut bientôt équipé, à l'aide
de son valet de chambre, qui ne cessait de lui ré-
péter : Il fait si froid, qu'on a trouvé des chiens

morts dans leurs chenils, des poissons morts dans les viviers, des vaches mortes dans l'étable, des oiseaux morts sur les branches, et même des loups morts de froid dans la forêt.

— Mon ami, lui répondit l'abbé de Voïsenon, tu en as trop dit : tes loups morts de froid m'empêchent de croire au reste; sur ce, je pars. Écoutemoi bien : au retour, je veux trouver mes cataplasmes de thériaque préparés, mon lait d'ânesse convenablement chaud et mes tisanes faites : recommande cela à l'office.

— Oui, monsieur l'abbé. Il n'en reviendra pas, c'est sûr, murmurait encore le valet en empaquetant son maître dans sa redingote et en lui descendant le plus possible sur les oreilles son bonnet de laine noire, plissé à petits marteaux comme ces perruques factices que portent les cochers dans l'hiver.

Suivi de ses trois chiens, qu'il amusa un instant au milieu de la cour, en leur sifflant aux oreilles et en les excitant au bruit d'un petit fouet de poche, l'abbé se lança dans la campagne toute cristallisée et paillettée de la quantité de neige tombée dans la nuit. Au premier pas qu'il fit, il tomba : il se releva vite, et arpenta le terrain. Ce devait être un singulier spectacle que de voir ce vieil homme, noir comme un cocher des pompes funèbres, aux gants noirs, aux bottes noires, à la redingote noire, tout noir enfin, piétiner, frétiller, gambader dans la neige, avec trois chiens aux flancs, et tantôt sifflant à effrayer la solitude, tantôt allongeant le canon de son fusil dans la direction d'un vol de corbeaux.

Il avait fait le tour du village de Voisenon, et il allait se trouver en pleine campagne, quand il fut arrêté à l'issue d'une ruelle de chaumières par une femme qui s'écria en l'apercevant : Ah ! monseigneur, car beaucoup de gens l'appelaient monseigneur, c'est le bon Dieu qui vous envoie !

— Qu'y a-t-il ? s'informa l'abbé ; d'où vient cet effroi ? pourquoi cette exclamation ?

— Notre grand-père se meurt, et il ne veut pas mourir sans confession.

— Cela ne me regarde pas, mon enfant ; c'est l'affaire d'un prêtre.

— Est-ce que vous n'êtes pas prêtre, monseigneur ?

— A peu près, répliqua l'abbé de mauvaise humeur et assez interdit, à peu près ; mais adresse-toi de préférence au prieur du couvent : il entend mieux cela que moi ; tu vois que je chasse. Cours donc au château, sonne au couvent, sonne fort, et réserve-moi pour une meilleure occasion.

— Monseigneur, mon grand-père n'a pas le

temps d'attendre; il va passer. Il faut que vous veniez.

— Je te le répète, répliqua l'abbé, confus en lui-même de son refus, je suis en train de chasser; la chose est tout-à-fait impossible.

Il voulut poursuivre son chemin; mais la jeune fille, qui ne comprenait pas les mauvaises raisons de l'abbé, s'attacha à lui; et, le saisissant par les basques de sa redingote, elle le força à se détourner. Éveillés par le bruit de cette conversation matinale, quelques paysans parurent sur le seuil de leurs portes, d'autres aux croisées; et comme un village est une grande botte de foin sec qu'une étincelle embrase, les femmes se réunirent aux maris, les enfans à leurs mères; bientôt toute la population sortit dans les rues, afin d'être au courant de l'événement qui causait tant de rumeur.

Abbé du Jard, seigneur de Voisenon, roi du pays, l'abbé se sentit gagné par une honte profonde au milieu de la foule qui l'entourait, et qui murmurait déjà de son refus aussi irreligieux qu'inhumain.

Il n'était pas inhumain, le pauvre abbé; mais il avait complètement oublié les formules usitées en pareille occasion, et au fond, comme il était indifférent et non hypocrite, sa conscience lui reprochait d'aller absoudre ou condamner un homme,

quand il se reconnaissait si peu digne lui-même
de juger les autres au tribunal de la confession.

Cependant la nécessité l'emporta sur ses justes
scrupules, dont il ne pouvait se servir d'ailleurs
comme d'une excuse auprès de ses vassaux; et, la
tête basse, le fusil incliné, il se laissa conduire à
la chaumière où rendait le dernier souffle le vieillard qui tenait à ne pas mourir sans l'aveu officiel
de ses fautes.

Les habitans s'agenouillèrent devant la porte,
tandis que l'abbé s'assit auprès du moribond, afin
de recueillir ses lentes paroles.

Depuis le malencontreux moment où l'abbé avait
été dérangé dans sa chasse, il avait perdu, car il
avait des boutades de peur superstitieuse, la fière
détermination de ne pas se croire malade ce jour-
là. Que de signes de mauvais augure! Il avait tré-
buché en quittant le château, il avait vu des nuées
de corbeaux, une fille éplorée l'avait forcé de se
rendre auprès d'un pêcheur effrayé; maintenant
on disait les prières des agonisans autour de lui,
le mourant lui parlait. L'abbé de Voisenon fut
ébranlé; sa témérité croula, il eut froid au cœur,
ses oreilles furent pleines de tintement, son asthme
grogna au fond de sa poitrine. Je suis mal, se dit-
il; j'ai eu tort de sortir. Pourquoi suis-je sorti?
Ses tristes pensées se mêlèrent aux déchiremens

aigus de sa toux; enfin il se pencha sur la tombe ouverte à son côté, il écouta la confession.

— Vous êtes né le même jour que moi! s'écria tout-à-coup l'abbé de Voisenon à la première confidence du pénitent; vous êtes né le même jour que moi! Et il sembla dérober au malade son jaune cadavéreux.

Le moribond poursuivit, et nouvelle frayeur de l'abbé.

— Vous n'avez jamais écouté la messe jusqu'au bout! et moi, se dit l'abbé de Voisenon, qui n'en ai pas ouï le commencement d'une seule depuis plus de trente ans!

Le pénitent ajouta :

— J'ai commis, monseigneur, le grand péché que vous savez.

— Le grand péché que je sais! j'en sais tant! s'avoua l'abbé; quel péché, mon ami?

— Oui! le grand péché..... quoique marié.

—Ah! je comprends! mon grand péché, quoique prêtre!

Un déplorable hasard, si c'est un hasard, car le pareil péché est assez passé en habitude chez ceux qui ont vécu, faisait que le vassal était tombé au même piége que le seigneur appelé à le juger à sa dernière heure.

Quand la confession fut finie, l'abbé se consulta avec terreur, et, après quelques combats où toutes les raisons furent déduites, il remit les péchés, en s'avouant, dans une anxiété profonde, mais traversée de part en part d'une épigramme, que le moribond, par reconnaissance, devrait bien lui rendre le même service.

La cérémonie étant achevée, l'abbé se leva pour partir; les jambes lui manquèrent : on fut obligé de le porter jusqu'au château, où tout le monde fut alarmé de son abattement.

Pendant tout le reste du jour, il ne parla à personne; enseveli au fond de son silence, il ne desserra les lèvres que pour tousser. La nuit fut mauvaise; des courans glacés lui traversaient les nerfs, et le moribond ne s'en allait pas de sa mémoire, qui lui retraçait sans cesse la confession de cet homme se mourant au même âge que lui et chargé des mêmes péchés. Au jour, son trouble fut au comble; il commanda à son valet de chambre de faire venir le médecin et le prieur du couvent : « Et tout de suite, ajouta-t-il; tout de suite! »

Comprenant mieux cette fois les volontés de son maître, le domestique s'empressa d'aller éveiller le prieur, dont le couvent était attenant au château, et le médecin, qui avait une chambre dans le château même. C'était un jeune homme choisi par le célèbre Tronchin parmi ses meilleurs élèves, sur le vœu de l'abbé de Voisenon.

Pénétrés l'un et l'autre du danger de M. l'abbé, le prieur et le médecin accourent en hâte au château ; M. de Voisenon avait été si malade la veille ! Arriveront-ils à temps ?

Leur zèle est si égal et si prompt, qu'ils arrivent en même temps à la chambre où M. l'abbé les attendait.

L'abbé de Voisenon n'attendait plus ; il était reparti pour la chasse.

On touchait au dernier tiers de ce fatal dix-huitième siècle, qui s'en allait en charpie, ruiné par la débauche, la petite vérole, et aussi par l'âge ; il se faisait hideusement vieux, et sa vieillesse n'inspirait pas le respect. Vieux roi, vieux ministres, vieux généraux, s'il y avait encore des généraux, vieux courtisans, vieilles maîtresses, vieux poètes, vieux musiciens, vieilles danseuses, descendaient brisés d'ennui, fatigués de mollesse, édentés, fanés et fardés, vers la tombe. Louis XV accompagnait la marche funèbre ; on le conduisait à Saint-Denis entre deux lignes de cabarets pleins de chanteurs, joyeux de se débarrasser de ce fléau qu'enlevait un autre fléau : la petite vérole délivrait de la peste. Crébillon était mort ; le fils du grand Racine, honoré du fameux titre de membre de l'Académie des Inscriptions et Belles-Lettres, était emporté par une fièvre maligne, et obtenait de la publicité reconnaissante du temps cet éloge nécrologique aussi bref qu'éloquent : « M. Racine, dernier du nom, est mort hier d'une fièvre maligne; il ne faisait plus rien comme homme de lettres ; il était abruti par le vin et par la dévotion. » Douze jours après, Marivaux suivait au cimetière le fils du grand Racine, abruti par le vin. L'abbé Prévot mourait d'une dixième attaque d'apoplexie dans la forêt de Chantilly. Au printemps suivant, l'impudique maîtresse de Louis XV, madame de Pompadour, descendait à quarante-deux ans dans la tombe, après avoir exhalé un bon mot en guise de confession : « *Attendez encore un moment,* monsieur le curé de la Magdelaine, avait dit la moribonde, *nous nous en irons ensemble.* » Paroles bien édifiantes et dignes de rivaliser avec ce vaudeville qui courut dans tout Paris au sujet d'une aussi belle mort :

Il est mort, ce pauvre Soubise;
Sa tente à Rosbach il perdit ,
A Versaille il perd sa marquise ,
A l'Hôpital il est réduit.

Et le journaliste ajoute en note : On sait que le prince de Soubise vivait avec madame de l'Hôpital; le même Soubise duquel le roi se prit à dire, après la journée de Rosbach, où le prince avait été complètement *battu* : « Ce pauvre Soubise, il ne lui manque plus que d'être *content*. » Jaloux aussi de partir de ce monde tout comme les autres, en laissant un bon mot, Rameau s'écriait avec fureur, à l'oreille de son confesseur, qui l'ennuyait : *Que diable venez-vous me chanter là, monsieur le curé? Vous avez la voix fausse.* Et là-dessus, Rameau mourait d'une fièvre putride : et savez-vous ce qui occupait le public le lendemain de la mort du plus célèbre musicien de l'Europe, le roi de l'école française? cette grande nouvelle : « Mademoiselle Miré, de l'Opéra, plus célèbre courtisane que bonne danseuse, vient d'enterrer son amant; on a gravé sur son tombeau :

MI RÉ LA MI LA. »

Touchante oraison funèbre de Rameau! il n'y avait pas jusqu'au vaudeville qui ne se mêlât de mourir. Panard, le père du vaudeville, s'éteignait quelques jours après Rameau, et l'on disait encore avec la même tendresse nationale : « Les paroles ne peuvent se séparer de l'accompagnement. »

Voyez-vous comme les rangs s'éclaircissent, comme les bougies s'éteignent, comme le bal touche à sa fin? les athées aussi s'en vont, sans savoir où, seulement après avoir été moins amusans et

beaucoup plus dangereux au monde que ces musiciens, ces poètes et ces courtisanes. Près de Panard on couche dans la terre Nicolas-Antoine Bou-
langer. Encore un malheur qui vient faire tout-à-
coup oublier ces divers malheurs; celui-là vaut la
peine qu'on en parle; Molet est malade : Molet
est l'acteur à la mode; il est tant pleuré dans sa
maladie, que Boufflers, presque jaloux de l'intérêt
qu'on porte au favori de la cour et de la ville, le
chansonne en ces termes :

> L'animal un peu libertin
> Tombe malade un beau matin ;
> Voilà tout Paris dans la peine :
> On crut voir la mort de Turenne ;
> Ce n'était pourtant que Molet
> Ou le singe de Nicolet.

La maladie de Molet était survenue le 15 du
mois de juin; le 23, c'est mademoiselle Gaussin
qui meurt, tant Molet était gravement malade. Et
savez-vous comment finit cette Grâce pâle et fraîche du dix-huitième siècle, cette rose du Bengale
de la tragédie, cette femme charmante, qui inspira
à Voltaire les seuls vers un peu touchans qu'il ait
écrits de sa vie? « Elle avait épousé un danseur
nommé Tavolaygo, qui la rouait de *coups*. Zaïre
rouée de coups! »

Une goutte remontée enlève Helvétius, et Paris ne s'en émeut pas plus que de la mort simultanée de Duclos. Paris est trop occupé par ces deux jolis vers, écrits au bas de la statue de Louis XV, récemment découverte :

> Grotesque monument, infâme piédestal,
> Les vertus sont à pied, le vice est à cheval.

D'ailleurs, une autre nouvelle non moins importante empêche qu'on s'arrête à la mort des deux philosophes, dont l'un jouissait, comme athée et comme philosophe, de plus de cent mille livres de revenu. « Un procès d'une espèce très-singulière doit se juger incessamment à l'Opéra. Une demoiselle *La Guerre*, fille des chœurs, a été trouvée dans une loge pendant une répétition. Le président de Meslay, de la chambre des Comptes, est l'heureux mortel qu'on a surpris; cette affaire rappelle celle de mademoiselle Petit. »

« Piron est mort aussi hier, dit le journaliste; et il ajoute : On a dit qu'il avait mal reçu le curé de Saint-Roch. » Admirable bouffonnerie, que ces curés qui vont tous et à tour de rôle chez les écrivains du dix-huitième siècle pour recevoir à la tête une épigramme arrangée depuis dix ans.

Enfin, le roi Louis XV meurt après Piron; il fait dire quelques heures avant sa mort par le cardinal de la Roche-Aymon : « Quoique le roi ne doive compte de sa conduite qu'à Dieu seul, il est fâché d'avoir causé du scandale à ses sujets, et il déclare qu'il ne veut vivre désormais que pour le soutien de la foi et de la religion, et pour le bonheur de ses peuples. »

Voilà le bon mot du roi Louis XV ; vous l'avez entendu : il aura eu le sien comme Rameau, comme Piron, comme Helvétius. Ce bon petit roi Louis XV, qui est fâché d'avoir causé du scandale à ses sujets, et qui, à sa dernière minute d'existence, ne veut vivre désormais que pour le bonheur de ses peuples : c'est s'y prendre à temps.

Au reste, il meurt en mai, et trente-sept jours après, en juillet, *Monsieur*, frère du roi Lous XVI, envoie à la reine, sa belle-sœur, le madrigal suivant :

Au milieu des chaleurs extrêmes ,
Heureux d'amuser vos loisirs ,
J'aurai soin près de vous d'amener les zéphyrs :
Les amours y viendront d'eux-mêmes.

Ceci voulait dire que *Monsieur*, depuis Louis XVIII, ayant cassé un éventail à la reine, lui en avait envoyé un autre, d'où les vers à la frangipane ; d'où la profonde impression laissée dans tous les cœurs par la mort du roi Louis XV, dit le Bien-Aimé.

Et savez-vous ce qui allait survivre de quelques années, de quelques jours seulement, à tous ces cadavres, à ces marquis qui avaient du moins été jeunes et beaux, à ces comtesses qui, du moins aussi, avaient eu l'esprit de leur libertinage, à ces poètes peu profonds, mais animés dans leur temps d'une verve enivrante? C'était Marmontel, ce fat qui croyait qu'on faisait une nouvelle aussi facilement qu'une tragédie; c'était Thomas, qui s'imaginait avoir l'éloquence de Bossuet parce qu'il parlait dans un tonneau vide; c'était Chabanon, homme dont il n'y a rien à dire, pas même un peu de mal; c'était Dorat, papillon de plomb; c'était Barthe, Marseillais sans chaleur, la pire des pires choses; c'était de La Harpe; c'étaient M. de Chamfort, M. François de Neufchâteau; tous fades oignons des folles tulipes flétries du dix-huitième siècle.

Enfin le tour de l'abbé de Voisenon était venu. Spirituel jusqu'à sa dernière heure, lorsqu'on lui porta le cercueil de plomb dont il avait lui-même indiqué la forme et les dimensions, il dit à un de ses domestiques : « Voilà une redingote que tu ne seras pas tenté de me voler. »

Il mourut le 22 novembre 1775, âgé de soixante-huit ans.

L'unité de nos travaux a voulu que nous ayons

tracé, presque à notre insu, la décadence des grands principes sociaux, en écrivant cette première partie de l'histoire des maisons seigneuriales de la France : ainsi, nous avons montré Écouen servant de tombe au despotisme du moyen âge, dans la personne du plus grand des Montmorency, et au despotisme impérial avec Napoléon. Chantilly, avec ses fêtes données à Louis XIV, Louis XV, au Czar; Chantilly, où Bossuet fit de la prose, Racine des vers, Vauban des plans de fortifications; Chantilly, type de l'aristocratie réduite à son essence la plus intelligente, passe aujourd'hui tout entier sous les couches de fumée de l'industrie. Vaux, cette superbe arrogance, ce monument caractéristique de l'élévation des ministres prodigues, est aujourd'hui une mare à grenouilles, et la propriété d'un duc qui sait à peine que son château appartint à Fouquet, et que Fouquet fut un surintendant des finances: destruction, oubli biblique partout. Brunoy, cette orgie, et Voisenon, cette impiété, disent bien haut les fautes et les vices de la noblesse et du clergé, quelques minutes avant l'heure où il y allait ne plus avoir ni clergé ni noblesse.

PETIT-BOURG.

PETIT-BOURG.

On mettait autrefois douze heures avec le coche pour remonter la Seine jusqu'à Petit-Bourg. Une journée entière pour faire huit lieues.

Aujourd'hui quatorze bateaux à vapeur, luttant de vitesse, accomplissent, en cinq fois moins de temps, le trajet si péniblement fait par les coches. Sans ridiculiser le passé, car un jour nous serons passé, et bientôt peut-être, on doit se féliciter de vivre à une époque comparativement meilleure, où l'on a la faculté de satisfaire si vite son désir de voir les champs et de respirer loin du bruit de Paris. Viennent les chemins de fer sur la ligne déjà tracée de Paris à Orléans, et vingt minutes suffiront pour passer du pont de la Cité au pont de Ris, construit par M. Aguado.

Souhaitons cependant que les chemins de fer ne rendent pas la Seine à son ancienne solitude, en la privant de ses bateaux à vapeur, flottille enchantée qui fait du fleuve royal un lac italien pendant les chaudes journées d'automne, quand il est sillonné par *l'Aigle*, *le Louqsor*, *le Parisien*, *la Ville de Corbeil*, *la Ville de Montereau*, *la Ville de Sens*. J'ai dit les noms des principaux bateaux dont les flancs dorés, pavoisés de tentures, baignés de la folle écume de l'eau, portent chaque jour, mais particulièrement le samedi, des colonies de voyageurs et des centaines de familles, heureuses de cette navigation de quelques heures. Aux riches propriétaires riverains la chambre aux frêles colonnettes, le divan en velours rouge et les stores transparens ; à la bourgeoisie de la campagne, aux fermiers, aux nourrices, aux vignerons, la chambre de la proue, sans stores, sans divan, sans colonnettes, mais bruyante, causeuse, à demi dans l'eau, à demi dans le vin. Partout l'éternelle démarcation du rang et de la foule, de la qualité et de la quantité. La vitesse seule égalise les conditions; riches et pauvres arrivent ensemble; vérité qui serait excessivement naïve à exprimer, si l'on ne se

hâtait d'ajouter que les passagers de la chambre
d'honneur emploient tous les moyens connus de
distraction pour tuer le temps et l'espace, journaux, allées et venues sur le pont, lectures de
livres nouveaux, tandis que les voyageurs de la
proue s'ennuient si peu pendant la traversée, qu'il
faut avoir recours au bruit de la cloche, à la voix
des matelots et à vingt appels divers, pour les aver-
tir du terme de leur course.

La navigation par la vapeur sur la haute Seine
a fait des progrès considérables depuis quelques
années. Il y a huit ans, si ma mémoire ne me
trompe, qu'un seul bateau fonctionnait de Paris à
Montereau. Et comme il était mal tenu! quel loup
de mer! ou quel loup tout simplement que le ca-
pitaine! quelle lenteur pour remonter! point de
tente pour garantir du soleil! point de restaurant!
une mauvaise cuisine de pirate clouée comme une
aile de vautour entre la roue du bateau et le fleuve.
On appelait cela un progrès, cependant : le coche
a dû être un progrès aussi.

Je ne prévois pas les riches modifications que
l'avenir réserve à l'invention des bateaux à vapeur;
mais combien ils sont différens déjà de ceux dont
nous venons de tracer le modèle exact! Superbes et
déliés à l'extérieur, ayant des harpes ou des lions
dorés à la proue, ils opposent aux pieds délicats

des voyageurs un pont fait de planches élastiques, constamment ciré par la brosse du *ship-boy*. Un cordon de soie descend le long des marches d'acajou, et accompagne la main jusqu'à la dernière marche, qui pose sur le parquet du salon. Si l'air frais du fleuve, si la vue de la campagne a éveillé votre appétit, sonnez, appelez ; à bord du bateau il y a des garçons, des servantes, des chefs de cuisine et même une cuisine. Promenez votre imagination depuis la simple tasse de café jusqu'au poulet rôti, depuis le verre d'eau sucrée jusqu'au verre de Champagne, et faites un choix : il ne sera pas hypothétique comme dans la plupart des restaurans de la grande ville qui décroît à l'horizon.

Il est moins hors de propos qu'on ne suppose peut-être de parler ici avec étendue de la facilité de la navigation sur la Seine. Comment méconnaître la valeur plus grande qu'elle a donnée aux propriétés semées au bord du fleuve ou près du fleuve sur une étendue de plus de quarante lieues ? Que d'endroits où les voitures publiques n'allaient pas, tant ils sont loin des grandes lignes ! Que de propriétés vendues, délaissées à cause de la difficulté d'entretenir un équipage pour s'y rendre ! Avant l'établissement des bateaux à vapeur, les maisons de campagne placées dans ces conditions onéreuses étaient, à justement parler, dans d'autres provinces. D'ailleurs, grâce à eux, la campagne est maintenant à tout le monde. Que de bourgeois s'embarquent le samedi sur le bateau à vapeur, avec leurs chiens, qui sont en général peu de chasse, leur fusil, leur gibecière, et s'en vont devant eux à dix ou douze lieues de leur quartier! Demandez-leur s'ils ont une campagne à Choisy-le-Roi, à Ville-neuve-Saint-Georges ou à Fontainebleau, ils vous répondront : « Je ne pense pas, mais j'essaierai. »

Le chien de chasse est le fléau des bateaux à vapeur. On a beaucoup trop médit du perroquet. J'ai rencontré des perroquets en voyage; en général, la peur les rend sérieux et méditatifs. Mais le chien de chasse (puisqu'on prétend que le chien chasse) n'est jamais en repos, et il est partout. Chaque barque qui amène ses passagers a ses chiens, crottés jusqu'au museau, et tous valant cent louis. Ce chien hideux dont l'œil est sanglant et le poil sale, cent louis! ce chien dont l'affreuse queue s'enroule à l'extrémité d'un corps fluet et transparent, cent louis! cette chienne dont les mamelles mouillées vous souillent la chaussure, respectez-la; cent louis! Il faudrait prier Dieu de nous délivrer des chiens, si les chasseurs n'existaient pas. Je me suis toujours demandé si le chasseur était dans l'arche. En tout cas, Dieu fit très-bien de ne pas lui donner une femelle.

Reportons-nous maintenant par la pensée vers ces temps où tous les riches seigneurs de la cour habitaient une partie de l'année leurs châteaux. Quel embarras pour eux de traîner leur nombreuse domesticité à leur suite! Que de difficultés! que de lenteurs! Aujourd'hui, tandis que les maîtres courent en calèche sur le pavé de la grande route, les domestiques sont transportés avec tout le matériel de la maison sur les bateaux à vapeur. Et le jour n'est pas éloigné où chaque commune aura à sa disposition un steamer destiné à elle seule, à sa population. Comme on a un équipage, on aura peut-être sur la Seine son service par eau, conduit par la vapeur. L'habitude et les progrès de cette navigation rendront faciles les manœuvres, qui sont, du reste, à la portée de l'intelligence la plus commune et de la prudence la plus ordinaire.

Nous ne dirons pas les surprises pittoresques étalées aux regards depuis le pont d'Austerlitz, depuis le Jardin des Plantes, jusqu'au terme du voyage que font tous les jours les bateaux de la haute Seine; nous usurperions les droits des itinéraires. Les parties fuyantes de cette navigation, dont on ne se lasse pas, varient d'aspect à chaque demi-lieue sur la rive gauche. Après les villages à demi submergés dans la vapeur qui s'étend entre la route de Fontainebleau et la Seine, Gentilly,

Ivry, Bicêtre plus loin, viennent les prés, les carrières, les oseraies pâles et échevelées ; mais déjà Charenton lève la tête, et regarde Choisy-le-Roi, ruche laborieuse qui se révèle au loin par une odeur d'industrie. Autrefois Choisy-le-Roi ne pétrissait que des assiettes ; maintenant on y fabrique des tuiles, du maroquin, du sucre, et ce que je préfère au sucre, au maroquin et aux tuiles, des verrières d'un admirable éclat. Ne maudissez pas cette fumée dont les bouffées ont obscurci un instant le paysage : elle sort d'un four dont le sable torréfié, réduit en lames transparentes, va devenir une peinture fragile qui s'encadrera dans la rosace d'une cathédrale. Tout ce qui est beau sort du feu et de la fumée, la pensée, la victoire, toute fertilité et toute splendeur. Madame de Pompadour avait son château de folie et d'amour au bord de l'eau. A la place du château, il y a, de nos jours, des bateaux de blanchisseuses. C'est moins poétique ; mais, au temps de madame de Pompadour, Choisy-le-Roi était une seigneurie, maintenant c'est une commune. Qu'a gagné Choisy-le-Roi au changement ? un pont.

Si vous êtes assez heureux pour n'avoir pas de chiens à surveiller sur le pont du bateau à vapeur, regardez, et ne pensez pas. A quoi penser devant cet horizon d'arbres qui ondulent, devant ce lac de verdure qui roule, moutonne, et va se briser en écume au pied de ce château perdu au fond de la perspective? Il faut cependant penser à quelqu'un. C'est à l'aveugle du bateau à vapeur : chaque bateau a son aveugle qui joue du violon, assis entre sa fille et son chien. Ce chien-là ne vaut pas cent louis; aussi je le préfère à tous les autres, et je dirais volontiers de lui ce que Louis XIV disait d'un officier dont la laideur était raillée à haute voix en sa présence par la duchesse de Bourgogne : « Madame, je le trouve, moi, le plus bel homme de mon royaume, car c'est un de mes plus braves soldats. » Je trouve que le chien de l'aveugle est le plus beau des chiens, car il est le plus utile.

Or l'aveugle du bateau à vapeur fait penser; car il ne voit rien, et il chante; pour nous les lueurs changeantes du ciel, les accidens de paysage; pour nous enfin le ciel, la terre et l'eau; pour lui rien : l'obscurité; il chante pourtant. Vous allez quelque part où vous êtes attendu, vous, par une sœur, par une amie, par un souvenir; vous descendrez sur quelque point de la rive; lui n'est attendu par personne, et il ne va nulle part; il ignore s'il monte ou s'il descend : il chante pourtant! J'en connais un qui, depuis dix ans, vit de cette manière. J'ai peut-être encore dix ans à l'entendre jouer du violon. Il n'est qu'une récompense possible à ce brave homme quand il sera dans le ciel : c'est d'y jouer du violon comme Artot.

A Ville-Neuve-Saint-George, le bateau se désemplit s'il remonte le fleuve, ou il double sa cargaison s'il le descend. C'est le point où aboutissent les principaux embranchemens de chemins qui mènent aux campagnes louées par les artistes. L'Opéra, l'Opéra-Comique, le Conservatoire, peuplent de célébrités Hyères, Brunoy, Valenton, Gros-Bois et toutes les extrémités de la forêt de Sénart. La plupart ont des chapeaux gris, des croix d'honneur, et, il faut le dire aussi, des chiens de chasse. A quelle chasse peut se livrer une flûte de l'Opéra?

Encore quelques riches morceaux de paysage, et vous découvrirez un pont d'une légèreté surprenante entre le ciel et l'eau. C'est le pont Aguado; le pont bien nommé, car c'est M. Aguado qui l'a fait construire : il a versé sept cent mille francs dans la Seine, qui ne les lui rendra jamais. On payait autrefois un sou pour passer sur ce pont. On assure que madame Aguado se plaignait un jour d'être obligée de faire arrêter sa voiture pour acquitter comme les autres son droit de péage. « Il n'y a qu'un remède à cet inconvénient, répondit M. Aguado : personne ne paiera plus rien pour passer sur le pont; » et le droit de péage fut aboli.

Avant M. Aguado, il n'y avait pas de pont entre Choisy-le-Roi et Corbeil, c'est-à-dire sur une étendue de neuf lieues. Il a fallu qu'un banquier espagnol vînt en France pour que cet oubli du gouvernement fût réparé. Je ne sais si M. Aguado est Français maintenant. En tout cas, voilà une belle lettre de naturalisation d'une seule arche.

Il est peu de châteaux en France dont la position soit aussi avantageuse que celle de Petit-Bourg. Bâti sur une crête entre la route de Fontainebleau et la Seine, il domine ce fleuve et un vaste horizon de campagnes. Son parc et ses pièces de gazon lui font un manteau jusqu'à la rive ; et l'été, rien n'est comparable à ce développement rapide, à cette cascade de verdure riante et de verdure majestueuse. Par deux toiles de Raguenet, peintes dans la manière de Vander Meulen et placées l'une à la naissance de l'escalier de droite, l'autre au commencement de l'escalier de gauche, on peut comparer l'état du château actuel avec la physionomie du château aux siècles passés. Les changemens extérieurs sont peu notables. Sous le duc d'Antin et quelques-uns de ses successeurs, on ne voyait le château, du bas de la Seine, que par une seule et large coupure dans le parc, place couverte alors comme aujourd'hui par une belle pièce de gazon. M. Aguado a créé deux autres points de vue en étoile, en sacrifiant, avec un discernement exquis, quelques massifs d'arbres dont la perte se trouve richement compensée. Grâce à cette disposition, le château s'aperçoit toujours, à quelque endroit qu'on soit sur le fleuve ; aucun angle ne le dérobe. La propriété y a sans doute gagné ; je crois cependant que les voyageurs curieux, doucement portés par le bateau à vapeur de Paris à Montereau, ont encore gagné davantage à cette heureuse modification. C'est un quart d'heure de plus donné à l'appétit de leur curiosité. Les autres changemens, et il en est un très-grand nombre, portent sur des détails : détails infinis, coûteux à l'excès, mais perdus dans l'ensemble, et ne figurant avec importance que sur les mémoires des architectes et des jardiniers. Ce sont des riens permis seulement à un millionnaire.

Le château de Petit-Bourg emprunte une majesté très-grande de sa situation. Son piédestal fait sa royauté, car il est petit en réalité, excessivement petit. A le voir du plan abaissé de la Seine, à l'extrémité radieuse de sa pièce de gazon, à la crête du parc, il paraît aussi étendu que le château de Vaux. Vaux cependant l'enfermerait tout entier dans l'un de ses pavillons. Il en est de même du parc, riche d'une apparence trompeuse, tout en développement et en surface. C'est un décor comme le château. Nous n'en dirons pas autant de la superbe allée de marroniers qui s'étend de la route de Fontainebleau à la grille : elle est magnifique, royale. La préface écrase le livre.

Nous aurions désiré une teinte plus sérieuse, plus historique, à la façade du château ; elle est trop jolie pour son âge. Le rose plaît aux yeux et à l'imagination ; mais quand on a deux cents ans, le rose est du fard, et le vert de la coquetterie. Nous ne tairons pas que Petit-Bourg offre quarante croisées vertes sur un badigeon rose. Pourquoi la figure d'un château, comme celle d'un écusson de famille, n'arriverait-elle pas avec intégrité jusqu'au dernier jour de sa durée ?

Une belle cour pavée en petits cailloux sombres s'encadre devant le perron au bout de la longue allée de marroniers dont nous avons déjà parlé. Nous n'avons pas eu le loisir de constater le mérite des bustes en marbre placés de distance en distance sur le parapet de cette cour d'honneur. Le corridor, qui prend d'ordinaire le nom de salle des gardes dans la distribution des châteaux, nous a paru sans valeur à Petit-Bourg. Il conduit à la salle à manger, dallée, comme la précédente, en carreaux de marbre noir et blanc. C'est la plus belle pièce, à notre avis ; elle est carrée, spacieuse et d'une suffisante élévation. Nous insisterions patiemment et avec notre exactitude habituelle sur le luxe de ce salon, si les meubles, ainsi que dans beaucoup de demeures seigneuriales, se recommandaient au regard par des souvenirs historiques. Que n'y avons-nous trouvé un vieux fauteuil à bras de madame de Montespan, ou une table de jeu usée par les coudes de son fils! nous ne l'aurions pas passée sous silence. A force de précision dans le style, nous aurions peut-être classé ces deux objets dans la mémoire du lecteur. Doit-on, quand la description est privée de ces ressources, porter une attention équivalente sur des meubles modernes, pour riches qu'ils soient, et les élever, malgré la mobilité de mille déplacemens possibles, à la hauteur d'une mention particulière? Dans les jours d'instabilité où nous vivons, le magnifique maître du Petit-Bourg actuel transportera, si le caprice l'entraîne, ses goûts de châtelain dans le Berry ou ailleurs, et les précieux tableaux attachés aux murs de son château seront remplacés, sous un nouveau propriétaire, par des fusils de chasse ou des instrumens de pêche; révolutions peu à craindre autrefois, quand le seigneur et la seigneurie ne se séparaient jamais.

Toutefois le rare mérite des tableaux qui sont à Petit-Bourg commande une indication à la plume du narrateur ; des chefs-d'œuvre méritent une exception, n'en déplaise à ces temps-ci.

Une partie de la seigneurie d'Evry et Petit-Bourg appartenaient, au quinzième siècle, à Pierre Longueil, conseiller au parlement de Paris. La terre de Grand-Bourg dépendait aussi de ses domaines. André Courtin, chanoine de Paris, devint ensuite acquéreur de la seigneurie entière, où il fit bâtir une belle maison de plaisance et, en outre, une chapelle dédiée à saint André, à condition que le chapelain tiendrait les écoles et serait à la nomination du seigneur. Après la mort de l'abbé Courtin, l'archevêque de Paris devint propriétaire de Petit-Bourg, qu'il échangea, le 29 août 1639, avec M. Galland, greffier du conseil, contre une maison située rue Bourg-l'Abbé, à Paris.

Quelle que soit la sécheresse de ces documens, d'ailleurs restreints par nous à leur plus simple utilité, il est impossible de les négliger, sous le prétexte qu'ils n'ont pas l'intérêt de la curiosité. Nous n'avons pas pris l'engagement de couronner de roses la chronologie, et, comme Benserade, de mettre l'histoire des châteaux de France en madrigaux.

Homme riche, homme de goût, M. Galland agrandit les jardins, les orna de statues ; il ne cessa qu'à sa mort d'embellir la propriété, qui passa alors (1646) à l'abbé de Saint-Benoît, Louis Barbier, plus connu sous le nom de l'abbé de la Rivière, et par son titre de favori du duc d'Orléans, frère de Louis XIII.

Cette généalogie des seigneurs de Petit-Bourg, faite aussi sommairement que possible, va nous conduire, d'un pas mieux assuré, à l'historique de chacun des divers possesseurs; elle nous permet même, une fois tracée, de reléguer dans le silence ceux d'entre eux dont la trop faible importance ne mérite aucune mention. L'histoire doit être polie quand il ne lui est pas permis d'être généreuse.

De l'abbé de la Rivière, mort évêque de Langres, Petit-Bourg passa, en 1695, à Athénaïs de Rochechouart, mariée au marquis de Montespan, plus tard maîtresse de Louis XIV.

Il nous est permis de suspendre ici l'indispensable énumération des possesseurs de Petit-Bourg, pour nous avancer sur le terrain, moins aride, des faits dont ce château évoque les souvenirs.

Sous Louis XIV, le château de Petit-Bourg appartenait au duc d'Antin, fils légitime de madame de Montespan. C'était le joueur le plus acharné du royaume, à une époque cependant où le jeu avait ses héros et ses grands capitaines. Pour éteindre en lui cette dévorante passion, sa mère, tout entière alors aux regrets d'une conduite enregistrée par l'histoire, s'engagea à augmenter de douze mille livres les rentes annuelles dont il jouissait. La condition fut qu'il ne jouerait plus de sa vie. Comme pour mieux le retenir dans les liens de cet engagement, madame de Montespan courut en faire la confidence au roi, qui parut fort étonné de l'intérêt qu'on lui supposait à ce que le duc d'Antin jouât ou ne jouât plus. D'ailleurs d'Antin joua toujours, il joua même davantage, ayant à sa disposition douze mille livres de plus.

Quand M. de Montespan, son père, fut mort, il eut le triste courage de demander au roi, l'amant public de sa mère, de le nommer duc d'Épernon. Ses frères adultérins, les fils de sa mère et de Louis XIV, l'appuyaient; mais madame de Maintenon, infatigable ennemie des Montespan, fit prévaloir sa haine, et le duc d'Antin ne fut pas de cette fois encore nommé duc d'Épernon. En attendant ce beau titre, il continua à jouer tout l'argent que sa mère, en manière d'expiation, lui envoyait pour le détourner de sa ruineuse passion.

Mais, quelques années plus tard, devait finir comme avaient fini toutes les maîtresses de Louis XIV, dans les convulsions du mal et les plus affreux remords, la belle, l'ironique, la blanche, la spirituelle, la superbe madame de Montespan; car Louis XIV, par une fatalité attachée à ses amours, a déshonoré, avili, tué toutes les femmes qui ont brillé dans son sérail, comme si après lui elles ne pouvaient plus entrer que dans un couvent ou dans un cercueil.

Quelle existence royale et morne que celle de madame de Montespan! Comme elle prévoit cette passion dont elle est menacée, et dont elle doit mourir! Elle se cache en vain dans les bras de son mari; elle baisse la tête, elle ferme les yeux, tout est inutile. Le roi l'a vue, le roi l'a trouvée belle; elle sera la maîtresse du roi, quoiqu'elle aime, quoiqu'elle vénère son mari. Elle dit à son mari de prendre garde, de veiller sur elle, de la défendre, d'aller l'enfouir au fond d'un château dans leurs terres de la Guyenne. Comme on demande pardon d'avoir commis une faute, elle demande avec supplications qu'on ne lui laisse pas commettre la grande faute d'être aimée du roi et peut-être de l'aimer. Il fallait être un mari bien froid, bien présomptueux, ou bien aveuglé par l'amour, pour ne pas céder à tant de prières sensées. M. de Montespan aimait beaucoup sa femme; et voilà pourquoi, étrange conséquence! il fut sourd à ses avertissemens si tendrement, si énergiquement donnés. Aussi la postérité, qui a eu des pitiés vengeresses pour des malheurs semblables, a laissé ce mari imbécile dans le néant, et le nom de Montespan ne réveille autre chose que le nom d'une courtisane intelligente et belle, dont on ne connaît pas plus le mari que le coiffeur.

Enfin elle fut la maîtresse de Louis XIV, et elle le fut assez long-temps pour s'en souvenir toujours et mourir, malgré ses pénitences, de la douleur de ne plus l'être. Sa royauté, il faut le dire, était encore plus enviable et plus extraordinaire que celle de Louis XIV, né roi parce que son père avait été roi, son grand-père roi. La royauté de madame de Montespan lui venait de ses charmes, de ses yeux où se peignait tout l'esprit de ses pensées, de sa beauté enfin, distinguée, choisie parmi les plus rares. Les questions de moralité écartées, rien n'est comparable à la destinée d'une maîtresse de Louis XIV, le plus galant des hommes quand il n'en était pas le plus indifférent, le plus égoïste. Tout cédait le pas à ses maîtresses. Avant ses fils, avant ses bâtards, avant lui-même, il mettait madame de Montespan, comme il avait mis auparavant mademoiselle de La Vallière, comme il devait mettre plus tard madame de Maintenon. Madame de Montespan assistait au conseil des ministres, suivait le roi à la chasse, ou plutôt était suivie du roi, qui ne lui parlait jamais que chapeau bas à la portière, la glace à demi soulevée.

Un jour cependant il lui fallut quitter les Tuileries, Versailles, Marly, les brillans carrousels où elle était toujours remarquée; il fallut faire ses adieux à la grandeur et à la puissance sous toutes ses formes, éprouver tout ce qu'il y a d'affreux et d'amer dans le triomphe de ses ennemis, et tout ce qu'il y a d'amer et d'affreux dans l'indifférence de ses amis. Elle qui avait répandu tant d'étincelles ingénieuses sur le fond si sombre et si grave de la cour, elle qui avait prêté tant d'esprit à Louis XIV, elle qui était, après tout, la mère de quatre enfans dont il était le père, vit un jour entrer Bossuet, qui lui signifia l'intention du roi. L'intermédiaire était bien choisi. Celui qui faisait l'oraison funèbre de toutes les puissances mortes était de droit appelé à prononcer la déchéance de la maîtresse de Louis XIV, qui ne savait s'adresser qu'aux prêtres dans les occasions équivoques de sa vie. On ne sait pas au juste de quelle raison se servit M. de Meaux pour annoncer à madame de Montespan sa disgrâce; mais elle demeura convaincue que le roi la quittait, non pas parce qu'elle était moins jolie et moins séduisante, mais parce que le roi avait été tout-à-coup saisi de la peur du diable, terreur dont il éprouvait des accès par intermittence. Redouter le diable au point de rompre avec une femme adorée, avec madame de Montespan, pour se livrer immédiatement à une autre femme, à madame de Maintenon, c'était peut-être avoir raison contre la première, au point de vue religieux; mais, dans tous les cas, c'était dire tacitement à la seconde qu'on se donnait à elle par respect pour le diable. Toutefois il faut admirer le diable, qui se sert de l'organe d'un confesseur pour engager un roi à se défaire d'une maîtresse, et pour que ce roi se jette dans les bras d'une autre maîtresse moins belle et moins aimable. Les diables ne font pas les choses à demi.

Chassée de la cour, des carrosses du roi, de sa pensée et de son cœur, madame de Montespan alla où allaient alors toutes les courtisanes en disgrâce, tous les favoris usés, toutes les maîtresses flétries, épées rouillées, fleurs de la veille; elle se retira au couvent. Cette reine dépossédée avait prévu de si loin sa chute sans oser y croire, qu'elle avait fait bâtir de ses épargnes la communauté où elle se retira le voile au front, le dépit aux lèvres et une colère pleine d'espérance dans le cœur. Pendant de longues années elle invoque en vain dans ses courses inquiètes le baume de la religion. On n'oublie pas si vite qu'on a été la maîtresse d'un roi de France, surtout lorsqu'on est encore belle! Quel amour console de cet amour perdu? Des hauteurs de Petit-Bourg, a travers ces bois qu'elle parcourait sans cesse, elle cherchait Paris, la ville où elle avait régné. Ceux qui, par une douce soirée d'été, passent en chantant sur le bateau à vapeur aux flancs de cette admirable propriété, ne savent pas toutes les larmes qui ont été répandues dans cet espace par une femme blessée du mépris d'un roi. On la voyait fuir comme une ombre désolée le soir derrière les arbres de son parc, ou descendre à pas rapides jusqu'aux bords de la Seine, dont les ondes chargées de ses regrets et de ses murmures devaient les porter jusqu'aux pieds du palais de son infidèle amant.

Bonne, même avant d'être malheureuse, elle chercha dans son exil à se distraire par des œuvres de bienfaisance. Son goût était de marier les jeunes gens qui l'approchaient; elle dotait les jeunes filles, leur achetait le trousseau, promettait son appui aux nouveaux ménages. Mais elle disait toujours à la mariée, et bien bas, en présidant à ces unions : « Mon enfant, n'aimez jamais un roi. »

Fatiguée de ne rencontrer le repos nulle part, elle se renferma pour toujours à sa communauté de Saint-Joseph; et le père de Latour, célèbre oratorien, devint son directeur de conscience. La piété lumineuse des prêtres de cet ordre est restée dans la mémoire de ceux qui savent le passé de nos mœurs. Quelle patience héroïque! quelle persuasion soutenue! quelle science universelle, éloquente et familière à la fois, quelle simplicité et quelle subtilité de pensées ne leur fallait-il pas pour voir clair, pour marcher dans ces consciences qui venaient à eux, ou gonflées de venin, ou malades, ou découragées, exaltées ou détendues, demandant de la religion comme la soif demande de l'eau? Comment la leur présenter pour qu'ils ne la rejetassent pas? Une lente et pieuse obsession obtint d'elle qu'elle ne penserait plus à retourner à la cour ni à se venger de ses ennemis. Une femme ne pas se venger d'une femme qui l'a fait descendre du premier trône du monde! Elle promit, elle tint parole. Elle fit plus, elle écrivit à son mari qu'elle irait vivre auprès de lui, s'il consentait à lui pardonner et à la recevoir. Son humiliation n'eut pas son prix: M. de Montespan continua à la mépriser, et il mourut avec son mépris pour elle. Elle remercia Dieu et travailla assidument pour les pauvres à des ouvrages grossiers; elle cousait des chemises de forte toile, n'interrompant sa tâche que pour prier ou soutenir son corps par des mets d'une austère frugalité. Ses jarretières et sa ceinture étaient armées de pointes de fer qui la perçaient à chacun de ses mouvemens. Elle dompta même sa langue ou plutôt son esprit, ce dard superbe, flexible et vivant, avec lequel elle transperçait autrefois les réputations de la cour, et les blessait pour long-temps quand elle ne les tuait pas. La railleuse, la moqueuse impératrice se fit simple et indulgente femme, comme si elle n'avait jamais eu ni esprit ni malice; comme si elle n'avait jamais connu le monde, qui rend de tels sacrifices si onéreux et si méritoires. Et qu'on juge si ces abaissemens lui coûtèrent! Elle resta belle jusqu'à sa dernière heure, belle comme lorsqu'on la voyait du haut de son cheval de chasse, les bras nus, le cou mouillé par une écume de dentelles, les joues pourprées de jeunesse, appuyer, en souriant, l'épée du roi sur la tête effroyable et blessée du sanglier vaincu au milieu des chiens et des piqueurs.

Cependant un orgueil lui resta, que son confesseur ne put terrasser ou qu'il ne voulut pas abattre, afin de mieux faire ressortir peut-être les autres triomphes obtenus. Malgré ses pointes de fer, ses chemises de toile jaune, son austérité et ses terreurs de la mort, madame de Montespan ne renonça jamais aux lois du cérémonial en pratique à la cour. Il n'y avait qu'un fauteuil dans sa chambre, et il était pour elle, reçût-elle la visite des princes ses fils, ou celle de la duchesse d'Orléans. On s'asseyait sur des chaises. Jamais elle ne rendit aucune visite.

Sa maladie arriva comme un coup de foudre;

elle en mourut à cause de l'extrême ignorance, il est à peine besoin de le dire, qu'on apporta à la soigner, si l'on peut appeler soin l'espèce de travail brutal qu'on exerça sur elle. On la gorgea d'émétique, remède très en vogue au dix-septième siècle, et dont personne ne revenait.

Son fils légitime vint, la regarda froidement, et il ordonna qu'elle fût embaumée. C'était un fils légitime. Tuée par les médecins, elle fut hachée par les embaumeurs. Son corps n'était plus rien quand il sortit de leurs mains pour être remis aux gens d'église, lesquels, sur une question de préséance, laissèrent la bière pendant plusieurs heures à la porte de l'église. Enfin, on n'inhuma pas le corps; ce ne fut que long-temps après que la dignité publique le fit transporter à Poitiers et déposer dans le caveau de famille.

Et le roi, que dit-il? le roi ne dit rien.

Ainsi finit madame de Montespan, maîtresse de Louis XIV, mère du duc d'Antin, le possesseur du château de Petit-Bourg.

Pétillant d'esprit, d'une figure remarquablement belle, homme de cour comme peu l'ont été, infatigable à tous les exercices comme à tous les jeux, il avança assez vite sur le chemin de la fortune, dès que sa mère eut cessé de vivre. Jusqu'à ce moment, il avait trouvé dans madame de Maintenon

un invincible obstacle aux projets de son ambition.
Il mit adroitement à profit sa position qu'aucun
interdit ne gênait plus. Le maréchal de Villeroi,
chez lequel le roi avait l'habitude de s'arrêter,
était sous le coup de la disgrâce. Son château, un
des beaux monumens de la splendeur seigneuriale,
avait perdu la faveur des royales visites. Pourtant,
Louis XIV, déjà très-vieux, ne pouvait guère se
rendre d'un trait à son palais de Fontainebleau;
les carrosses, même ceux de la cour, n'avaient ni
la souplesse ni la calme rapidité des voitures d'aujourd'hui; la route n'était pas celle qui s'étend
maintenant, comme un seul pavé, des Tuileries à
Orléans. Fontainebleau était aux déserts. D'Antin
saisit le beau côté de l'empêchement. Son château
de Petit-Bourg, placé entre Paris et Fontainebleau,
offrait une étape naturelle à la course si longue et
si difficile du roi. Avec beaucoup de modestie,
avec peu d'espoir de voir accepter son offre téméraire, il lui fit proposer de vouloir bien s'arrêter
à son château de Petit-Bourg, si, sur son passage,
il n'en trouvait pas de plus dignes que le sien.
Madame de Maintenon consultée, Louis XIV agréa
la proposition du duc d'Antin, et il promit d'aller
coucher au château de Petit-Bourg le 13 septembre. On était en 1707.

D'Antin perdit la tête quand il sut que le roi

voulait bien descendre chez lui. Le roi et madame de Maintenon! c'étaient deux rois à loger, à fêter pendant tout un jour et toute une nuit. Comment être neuf dans cette circonstance? Comment éclipser les Condé et les Villeroi, ces princes qui s'étaient montrés d'une si ingénieuse magnificence chaque fois que Louis XIV avait honoré leurs châteaux de sa présence? On avait tant tiré de feux d'artifice chez Fouquet! on avait tant usé et abusé des promenades sur l'eau à Chantilly! D'ailleurs à Petit-Bourg le terrain par sa pente ne permet pas d'offrir de belles et limpides eaux à la proue d'une escadre dorée. D'Antin se rongeait les ongles. Se confier à quelqu'un, c'était admettre quelqu'un à partager le bénéfice de l'invention. Enfin, la muse des courtisans le visita : il eut une idée; et le jour de la visite arriva.

« Le roi partit de Versailles le 12 septembre, à midi, pour aller à Petit-Bourg. Dans son carrosse étaient madame la duchesse de Bourgogne, madame la duchesse de Lude, dame d'honneur, et madame la comtesse de Mailly, dame d'atour. Les gardes-du-corps, les gendarmes, les chevau-légers et les mousquetaires gris et noirs étaient disposés sur la route par escadrons.

» A Juvisy, le roi fit très-obligeamment arrêter son carrosse pour recevoir des corbeilles de fruits qui lui furent présentées par M. le président Portail, qui a une maison en ce lieu-là. Sa majesté reçut ces fruits avec la bonté qui lui est naturelle, dit le *Mercure galant*, que nous citons, et elle les présenta elle-même à madame la duchesse de Bourgogne et à Madame. Ces corbeilles étaient accompagnées d'autres rafraîchissemens dont sa majesté remercia M. Portail. Avant que d'arriver à Petit-Bourg, elle fut rencontrée par M. le marquis d'Antin, qui était venu pour la saluer sur la route, et qui reprit les devans pour la recevoir à Petit-Bourg. Sa majesté y arriva à quatre heures, et entra dans l'appartement que ce marquis lui avait fait préparer; elle le trouva fort beau. Au retour de la promenade, le roi travailla jusqu'à l'heure du souper, qui fut servi par les officiers de sa majesté, qui s'y étaient rendus la veille. Toutes les tables tinrent comme à Versailles, et furent servies de même. Les gardes-du-corps ne manquèrent de rien, et les gardes françaises et les Suisses ne purent vider tous les tonneaux de vin qu'on leur distribua. »

Telle est la manière sèche et officielle dont le *Mercure galant* de septembre 1707 rend compte de la visite de Louis XIV au château de Petit-Bourg. Il est d'autres mémoires du temps, et ceux de Saint-Simon ne doivent pas être omis, qui parlent de l'honneur fait au duc d'Antin en termes plus étendus : nous n'avons pas manqué d'y puiser.

Quelques heures avant l'arrivée de Louis XIV au château de Petit-Bourg, le duc d'Antin fut frappé d'une pensée qu'il aurait pourtant dû avoir avant ce moment extrême. Le désespoir le saisit, sa raison s'égara, il sentit ses idées se brouiller dans sa tête, quand il n'avait peut-être jamais eu un besoin si grand de sang-froid, de contenance et de dignité. Il était un homme perdu, déshonoré, ridiculisé pour tout le reste de sa vie. Quelle était donc l'erreur où il était tombé? Quel oubli irréparable avait-il donc commis? Son oubli était, en effet, un crime pour un courtisan et un courtisan aussi délié que lui, sur le point de ressaisir la faveur du roi et celle de madame de Maintenon. Lui, qui avait donné à son château une forme si nouvelle, afin d'être récompensé d'un sourire de Louis XIV, lui, qui avait choisi grain à grain le sable où la cour passerait, lui, homme d'esprit, n'avait pas remarqué, jusqu'à ce moment fatal, que le chiffre du roi et de sa mère, madame de Montespan, était gravé, incrusté, peint partout. Ces deux lettres, L M, arrêtaient le regard, à quelque endroit qu'il se portât. Comment les faire disparaître? Elles brillaient aux panneaux des portes, sur le marbre des cheminées, au dos des fauteuils. Et madame de Maintenon allait voir ces terribles emblèmes, témoignages de la passion de Louis XIV pour une autre femme qu'elle! A ce spectacle si honteux pour elle, nul doute qu'elle remonterait en carrosse et partirait, furieuse, pour Fontainebleau. Quelle vengeance ne tirerait-elle pas d'un tel affront, qu'elle supposerait avoir été long-temps calculé par le fils de madame de Montespan? D'Antin se voyait à la Bastille ou au fond d'un cachot d'une prison d'état. Pourtant les heures s'écoulaient, déjà des mousquetaires caracolaient devant les grilles. D'Antin n'avait plus qu'à se noyer dans la Seine, tandis que le roi arrivait à Petit-Bourg par la route de Fontainebleau. Avant de se noyer, d'Antin voulut cependant tuer son intendant, en raison de ce principe qui veut qu'un intendant ait toujours moins d'esprit que son maître, quand il advient au maître d'en avoir, et qu'il soit plus sot que lui, lorsque le maître commet une sottise. Je le tuerai, criait-il en promenant ses mains irritées sur le chiffre entrelacé du roi et de sa mère : je le tuerai! n'était-ce pas à lui à remarquer, à effacer, à pulvériser ces emblèmes qui seront ma ruine et ma mort? Décidément, je le tuerai.

L'intendant fut appelé.

— Monsieur, lui dit le duc d'Antin, vous êtes un misérable.

— Monseigneur...

— Vous êtes un insensé !

— Mais, monseigneur, en quoi ?

— Vous méritez un châtiment.

— Que je sache du moins...

— Eh ! quoi, vous avez laissé subsister ces chiffres, quand le roi doit se rendre ici ?

— Je pensais, monseigneur...

— Vous pensiez ! vous ne savez donc pas?.. Faut-il que je vous apprenne que madame de Montespan fut autrefois distinguée par le roi ?

— Je ne l'ignorais pas, monseigneur.

— C'est donc pour me nuire, me perdre, m'assassiner, que vous n'avez pas détruit ces chiffres ?

— Pourquoi les aurais-je détruits ?

— Il faut donc que je descende encore à vous dire que le roi a remplacé dans ses affections, où nul n'a le droit de pénétrer, madame de Montespan par madame de Maintenon ?

— Je savais aussi cela, monseigneur, et je regrette une confidence semblable, puisqu'elle paraît tant vous affliger.

— Mais expliquez-vous, monsieur ! puisque vous n'ignoriez aucun de ces faits, pourquoi ne

m'avez-vous pas épargné la ruine dont je suis menacé ?

— Monseigneur, répondit l'intendant, si j'ai
conservé partout où il a été placé le chiffre de madame de Montespan et du roi, c'est que le nom de
madame de Maintenon comme celui de madame de
Montespan commence par un M. Le roi croira que
c'est une des mille surprises que vous lui avez pré-
parées. Il verra dans ce chiffre la première lettre
de son nom et la première lettre du nom de madame de Maintenon, qui ne sera pas moins flattée
de votre ingénieuse courtoisie. Voilà pourquoi je
n'ai pas anéanti ces deux lettres qui vous ont tant
causé de peine, monseigneur.

— Dès ce moment vos gages sont triplés, dit le
duc d'Antin à son intendant. N'oubliez qu'une
chose, c'est que je me suis mis en colère devant
vous. Vous pouvez vous retirer, monsieur.

Ainsi que l'intendant l'avait prévu et si adroitement dit pour sa défense, le roi et madame de
Maintenon prirent pour une délicieuse galanterie
du duc d'Antin la répétition de leur chiffre semé
avec tant de prodigalité autour d'eux.

Le roi et madame de Maintenon, au jour et à
l'heure indiqués, vinrent donc à Petit-Bourg avec
toute leur suite, leurs officiers, leurs gens et leurs
carrosses.

La propriété était naturellement assez belle pour que le duc d'Antin n'eût pas eu, comme cela était à craindre, la triste fantaisie de faire planter des rosiers à la place de ses beaux chênes, et de dévaster ses parterres pour les remplir d'eau et de petits poissons. Le roi admira ce qui sera éternellement beau à Petit-Bourg (à moins que les chemins de fer ne veuillent le contraire), un parc superbement planté sur la crête d'un riche point de vue, et descendant, comme une décoration mouvante, jusqu'à la Seine, miroir de tant de beautés; un parc qui semble fait pour amuser le soleil, tant on lui a pratiqué de rues, de places, de portiques où courir, s'étendre et darder. En automne, il a des déclins inimaginables; il a des épanouissemens féeriques; il se fait à lui-même des illuminations sur son passage; tantôt il se montre rouge et découpé au ciseau au fond d'une lunette de verdure; tantôt il s'ouvre et s'élargit en teinte dorée derrière des branches qui flambent de clarté, comme des sarmens au feu, et les terrasses, toutes peuplées de blanches statues, et la Seine, la rivière royale, se colorent de la mélancolique garance de cette aurore boréale dont les oiseaux seuls, les moutons penchés sur les coteaux et les pâtres indifférens, ont le spectacle solitaire jusqu'à la première étoile.

Mais si le duc d'Antin eut le bon sens de ne vouloir inventer aucune rivière imprévue, aucun nouveau soleil, pas la moindre nature pour faire sa cour au roi, il jeta madame de Maintenon dans une vive surprise en l'introduisant dans l'aile du château qui lui était réservée.

A peine madame de Maintenon a-t-elle posé le pied sur la première marche, qu'elle croit saisir une ressemblance. Cet escalier est exactement le même que celui de Saint-Cyr, sa fondation orgueilleuse et chérie. C'est bien la même rampe en fer doré. Elle monte, redoublement de surprise : les portes d'appartement sont, comme à Saint-Cyr, toutes guillochées de dorures délicates, s'enlaçant en ceps de vignes sur un fond blanc et mat. Elle entre, mêmes cheminées en marbre pâle, mêmes flambeaux à branches élancées et courbées en rameaux. Cette première pièce ne diffère en rien de celle de sa maison religieuse. Nombre égal de petites et de grandes glaces ; exacte tapisserie d'Aubusson, représentant, ainsi qu'à Saint-Cyr, l'histoire d'Esther et d'Assuérus. Madame de Maintenon, émerveillée, passe dans la pièce destinée à être sa chambre pour une seule nuit. L'enchantement continue. C'était à croire qu'une fée avait transporté de Saint-Cyr à Petit-Bourg les siéges, les tapis, les pendules, les tableaux, les livres ; les livres même dont madame de Maintenon faisait sa lecture habituelle sont là ; et rien qui trouble cette ressemblance magique : les livres ont le caractère extérieur, la forme distincte, la physionomie fatiguée, les plis, les taches des livres de Saint-Cyr. Elle les retrouve dans la position où elle les a laissés sur sa table de méditation. Elle s'assied, c'est son fauteuil ; elle prolonge son regard, ce sont ses rideaux ; elle l'élève, c'est le Christ d'ivoire au pied duquel elle prie. Pas une couleur, pas une nuance, pas un trait, qui soit une dissemblance. Elle sourit, et remercie le duc d'Antin, qui a pleinement réussi dans son miracle de courtisan.

Comme elle était arrivée de bonne heure au château de Petit-Bourg, elle put encore entendre la messe dans une galerie pratiquée près de sa chambre. Autre prévoyance pieuse du duc d'Antin. A Saint-Cyr, madame de Maintenon assistait à la messe dans une pareille galerie. L'attention la flatta extrêmement ; et comme tout ce qui semblait lui plaire était du goût du roi, il n'y a pas de termes assez justes pour peindre le bonheur de leur hôte. Il n'est sorte d'amusemens qu'il ne leur procurât ; et les amuser était très-difficile alors. Le roi et madame de Maintenon étaient déjà bien vieux. Cependant la musique, les promenades, les scènes de divertissement arrangées sur le passage de la cour, le plaisir des personnes de la suite, l'ordre qui accompagnait ces coups de théâtre calculés avec beaucoup d'art, parvinrent à distraire les royaux visiteurs, malgré leur âge, leur infirmité, leur profond ennui.

Lorsque le roi se fut retiré un instant dans l'appartement de madame de Maintenon, il fit appeler d'Antin, qui commençait à recevoir par la faveur de cette audience le prix de son zèle. Le duc profita de cette entrevue pour soumettre au roi le plan du château de Petit-Bourg. Tout fut approuvé par le roi, dont le goût était très-sûr et très-distingué en matière de jardins. Cependant il fit remarquer au courtisan respectueux qu'une longue allée de marroniers masquait la perspective précisément en face de la chambre qu'il occupait, lui, le roi, d'ailleurs ravi de tout le reste. L'observation fut accueillie par le duc d'Antin avec reconnaissance. Il convint que cette allée de marroniers n'avait pas été heureusement plantée.

Le lendemain matin, quand le roi s'approcha de la croisée, quel ne fut pas son étonnement[1] l'allée de marroniers avait disparu.

Le roi se montra fort touché des efforts que le

---

[1] On a vu que cette tradition d'allée de marroniers coupée en une nuit se retrouve à peu près dans tous les châteaux honorés d'une visite royale. C'est au lecteur à raisonner son opinion et à décider si le fai est plus acceptable cette fois que les autres.

duc avait faits pour lui rendre agréable son séjour au château ; mais, toujours moqueuse malgré ses grands dehors de piété, madame de Maintenon dit à d'Antin, en présence des courtisans, au moment de quitter le château : « Il est heureux, monsieur le duc, que je n'aie pas déplu au roi ; vous m'eussiez envoyée coucher sur le pavé du grand chemin. »

Ceci était peut-être de la jalousie : le duc d'Antin eut le tort de n'avoir pas deux allées de marroniers à abattre, une en l'honneur du roi, l'autre en l'honneur de madame de Maintenon.

Le célèbre jardinier Le Nôtre avait dessiné une grande partie des jardins de Petit-Bourg, à l'époque de l'élévation de madame de Montespan. Quel nom que celui de Le Nôtre ! C'est le Louis XIV des jardins. Il n'est pas un château dont les échos ne répètent son nom ; il mériterait une histoire.

La vie de Le Nôtre fut une des plus occupées, comme elle fut une des plus heureuses. Une fois couvert de la protection du roi, on se le disputa à la cour ainsi qu'à la ville pour avoir un parc dessiné par lui. Le frère du roi, le duc d'Orléans, l'employa dans ses jardins de Saint-Cloud ; le prince de Condé lui commanda le tracé de ses parterres, les plus délicieux du monde, et la division de la forêt de Chantilly, le boudoir des forêts ; il laissa aussi tomber sa règle et son compas sur les parcs de Villers-Cotterets, de Meudon, de Chaillot, de Livry et de Sceaux.

Voilà l'artiste; voici l'homme. Voulant connaître l'Italie, préjugé éternel de ceux qui vont chercher au loin des images et des pensées qu'ils ont chez eux et en eux, Le Nôtre alla à Rome pour y visiter les jardins dont on lui opposait la riche ordonnance. Son goût n'y puisa pas beaucoup; ses idées s'y agrandirent. Son voyage eût peu mérité d'occuper l'attention de ses biographes, sans la connaissance qu'il fit à Rome du chevalier Bernin, et sans sa présentation au pape Innocent XI, événement où la familiarité de son caractère se mit si singulièrement à nu, que cette présentation devint depuis un épisode de sa vie à raconter.

Au lieu de s'humilier avec une ferveur religieuse devant le chef de la chrétienté, Le Nôtre s'écria en sa présence : « Non, je n'ai plus rien à désirer, j'ai vu les deux plus grands hommes du monde, votre sainteté et le roi mon maître. — Il y a une grande différence, reprit le pape; le roi est un grand prince victorieux, et moi, je suis un pauvre prêtre, serviteur des serviteurs de Dieu; il est si jeune et je suis si vieux! » Encouragé à laisser parler son cœur, Le Nôtre frappa sur l'épaule d'Innocent XI, en lui disant : « Mon révérend père, vous vieux!

Vous vous portez bien, et vous enterrerez tout le sacré collége. » Le mot fit rire le pape, au cou du-quel Le Nôtre finit par sauter, tant était vive sa joie de pouvoir parler au pape comme il parlait à Louis XIV. Aussi libre au Louvre qu'au Vatican, Le Nôtre embrassait Louis XIV toutes les fois qu'il revoyait ce prince après quelque absence.

Le roi était du reste habitué depuis long-temps à cette familiarité de Le Nôtre. Lorsqu'il alla, pour la première fois, à Versailles, examiner les progrès des travaux, il s'arrêta devant les deux pièces d'eau qui sont sur la terrasse. Le Nôtre fut complimenté. L'éloge enhardissant celui-ci, il con-fia au roi son projet de construire la double rampe, différens bosquets et une foule d'autres parties exé-cutées plus tard. Émerveillé des vues de Le Nôtre, le roi lui coupait à chaque instant la parole pour lui dire : « Le Nôtre, je vous donne vingt mille livres. » A la quatrième interruption, Le Nôtre se tourna brusquement et dit au roi : « Sire, votre majesté n'en saura pas davantage, je la ruinerais. »

A quatre-vingt-cinq ans, sentant ses facultés s'affaiblir, et voulant, comme cela se disait alors, s'occuper de son salut, il demanda sa retraite, que Louis XIV ne consentit à lui accorder qu'à la condition qu'il se présenterait de temps en temps à la cour.

Un peu avant sa mort, étant allé à Marly pour se promener sous les allées qu'il avait plantées dans sa jeunesse, il y rencontra le roi monté dans sa chaise couverte traînée par des Suisses. Louis XIV exigea que Le Nôtre montât à côté de lui dans une chaise à peu près semblable. L'émotion étouffait le vieux jardinier ; ayant aperçu Mansart, le sur-intendant des bâtimens, qui marchait à pied à quelque distance, il s'écria, les yeux pleins de lar-mes : « Sire, en vérité, mon bonhomme de père ouvrirait de grands yeux, s'il me voyait dans un char auprès du plus grand roi de la terre. Il faut avouer que votre majesté traite bien son maçon et son jardinier. »

Sorti de la classe la plus obscure, il s'éleva, par son génie, sa belle conduite et la pureté de ses mœurs, au grade de chevalier de l'ordre du roi, de contrôleur des bâtimens de sa majesté et dessina-teur de tous ses jardins.

Les honneurs n'altérèrent jamais la naïveté de sa bonne nature. Louis XIV lui ayant accordé, en 1675, des lettres de noblesse et la croix de Saint-Michel, il voulut aussi lui donner des armes. «Sire, dit-il, j'en ai déjà : trois limaçons couronnés d'une pomme de choux. » Ajoutant : « Pourrais-je ou-blier ma bêche? Combien doit-elle m'être chère !

N'est-ce pas à elle que je dois les bontés dont votre majesté m'honore ? »

Il mourut à quatre-vingt-huit ans.

Quoique Louis XIV aimât passionnément l'étiquette, il était heureux dans beaucoup d'occasions de ne revêtir que le simple costume de marquis de cour et de se promener sans le cortége solennel des gentilshommes de sa maison. A la campagne surtout, il tenait à jouir de cette liberté si précieuse. Dès qu'on devinait son désir d'être seul, on restait peu à peu en arrière, on s'arrêtait par petits groupes ; enfin, on le laissait isolé sur le chemin de sa promenade. Le jour de sa visite à Petit-Bourg, il sembla manifester l'intention de parcourir sans le fastueux embarras de sa suite les diverses parties de la propriété du duc d'Antin. Aussitôt ses officiers se retirèrent, se repliant vers le château, où, parmi les divertissemens infinis préparés pour eux par le duc, les tables de jeu, on le suppose, n'avaient pas été oubliées.

Grand amateur de jardins, Louis XIV s'arrêta au milieu des potagers de Petit-Bourg, qui devaient leur célébrité aux soins d'un horticulteur de génie, d'un homme dont le nom est resté, comme celui des peintres et des sculpteurs illustres du même temps. Ce jardinier, fécondé par un regard de Louis XIV, était La Quintinie, qui de-

vait le premier perfectionner en France la culture
des fruits et des légumes, et asseoir son illustration
à côté de celle de Le Nôtre.

Jean de La Quintinie débuta par être avocat à
Paris, où il était venu de Poitiers, son berceau na-
tal. Il obtint même de grands succès au barreau,
avant que des rapports de profession ne le fissent
connaître de M. de Tambouneau, président en la
chambre des comptes, au fils duquel il fut attaché
en qualité de précepteur. Dans Virgile, qu'il ex-
pliquait à son élève, il admirait moins une poésie
tendre et délicate qu'il ne tenait compte des pré-
ceptes de jardinage dont il abonde. La description
de la tempête dans l'*Enéide* le laissait froid, tandis qu'il suivait avec passion la manière d'élever
les abeilles dans les *Géorgiques*. Grâce aux vastes
propriétés de son protecteur, M. de Tambouneau,
il eut la facilité de résoudre par la pratique ses
théories horticulturales. Il planta, sema, greffa
avec une liberté si illimitée et si heureuse, qu'il
en oublia le barreau pour écrire un livre où pui-
seront éternellement les faiseurs de traités du jardinage et de manuels de l'agriculteur. Ce livre fut
intitulé : *Les Instructions pour les jardins fruitiers et potagers.* Il lui attira d'unanimes éloges, et
lui valut la gloire d'avoir pour élève en jardinage
le grand Condé, nom illustre, toujours resplendis-

sant à côté de celui de Louis XIV, toutes les fois que la postérité reconnaissante se souvient d'un encouragement accordé aux artistes du dix-septième siècle. De La Quintinie donna aussi à Londres des leçons de son art au roi d'Angleterre; à son retour en France, il entretint avec des seigneurs anglais une correspondance rendue publique après sa mort.

Quand la réputation de La Quintinie fut consacrée par de beaux travaux, Louis XIV, qui avait l'instinct de ne jamais laisser s'égarer une supériorité à l'étranger, alla chercher cet homme, dont tout le mérite était de donner une saveur plus douce à une pomme ou à une cerise, un éclat plus vif à une rose, et quelques feuilles de plus à un œillet, seules fleurs, pour le dire en passant, que la botanique du temps daignât remarquer; et il créa en sa faveur une charge de directeur-général de tous les jardins fruitiers et potagers de toutes les maisons royales. La Quintinie fit produire à Versailles des fruits et des légumes dont l'excellence ne fut pas seulement appréciée de Louis XIV; après avoir orné la table de tous les successeurs du grand roi, ils sont encore de nos jours en haute estime à la cour du roi régnant.

Au retour de son excursion dans le verger, le roi ne manqua pas de remercier le duc d'Antin d'avoir fait contribuer aux travaux d'utilité et d'embellissement de Petit-Bourg ceux dont il avait le premier découvert et honoré le mérite. Autant Louis XIV était jaloux de la gloire téméraire des courtisans qui, avant lui, mettaient en lumière le talent d'un homme supérieur, autant il aimait qu'on ratifiât les arrêts de son goût en employant les artistes de sa prédilection particulière. Ainsi on s'explique pourquoi on rencontre dans tous les châteaux de quelque valeur les ouvrages des sculpteurs et des peintres qui ont orné Versailles, Marly, Fontainebleau et les autres demeures royales. Il est inutile de faire remarquer que ces artistes célèbres multipliaient leurs tableaux et leurs statues autant dans le but de doubler les échos de leur renommée que pour élever les avantages acquis à leur position.

Le roi éprouva une nouvelle satisfaction en voyant les statues placées sur son passage. C'était encore un hommage rendu à son discernement. Les frères Keller les avaient signées, et l'on sait que la part prise par les frères Keller aux ornemens de Versailles est immense. Il est peu de bassins pour lesquels ils n'aient fondu quelque divinité accroupie, versant des nappes d'eau de son urne inclinée. Quoiqu'ils eussent à maîtriser des matières aussi rebelles que le bronze et le fer, ils parvinrent à des résultats incroyables de perfection, et avec des procédés bien moins sûrs que ceux d'aujourd'hui. Il est douteux que les sculpteurs qui leur confiaient leurs modèles eussent poussé aussi loin qu'eux la correction unie à la vérité des mouvemens, et la science des muscles, sans tomber dans la sécheresse de la dissection. Ils jouèrent avec le feu et le cuivre liquide comme les figurations pétries avec ce bronze figé jouent avec l'eau. Toutes ces allégories humides, qui représentent les principaux fleuves du royaume, la Garonne, la Dordogne, la Seine, la Marne, se fondent avec une harmonie grave dans le plan sévère du parc; elles y sont mieux à leur place, si on ose le dire, que de frileuses statues si malades d'être nues. Le bronze est d'une nudité moins absolue que le marbre, et il va bien à notre ciel sans soleil et sans lune : ciel aveugle.

Nés à Lyon l'un et l'autre, les frères Keller moururent tous les deux à Paris.

On a d'eux à Versailles :

Dans le parterre d'eau, Bacchus, Apollon, Antinoüs, Silène; ensuite, et placés au bassin à droite dans le parterre d'eau, la Garonne, la Dordogne, la Seine, la Marne et quatre nymphes; placés dans le bassin à gauche, toujours dans le parterre d'eau, le Rhône, la Saône, la Loire et cinq nymphes. Ils fondirent encore, sur la composition de Vanclère, un lion sur un lion ; et, d'après de Raon, un lion sur un sanglier. Ces deux groupes sont aussi dans un des bassins du parterre d'eau.

Les frères Keller reproduisirent, dans les châteaux des riches favoris de Louis XIV, leurs principaux ouvrages, mais sur une échelle moins royale et moins coûteuse.

Louis XIV poursuivait ainsi sa promenade au milieu des travaux pleins de goût semés avec intelligence sur la riche surface du château de Petit-Bourg, s'admirant dans les efforts de ses favoris, qui le prenaient en tout pour exemple et pour guide, s'applaudissant de reconnaître, quelque endroit où il allât, la superbe influence de Versailles et de Fontainebleau. Mais tout-à-coup son orgueilleuse préoccupation est absorbée; il s'arrête en face d'une statue qui se dresse au point final d'une allée du parc. Ses sourcils se froncent, il penche la tête tantôt à droite et tantôt à gauche, il s'avance, il recule, il avance encore; sa canne à pomme d'or est posée perpendiculairement près de son œil droit, tandis que sa main gauche parée de dentelles ne cesse de s'agiter en manière d'étonnement. Cette scène muette se prolonge jusqu'au moment où le roi, ayant acquis la certitude qu'il a raison, se prend à dire à haute voix : Cette statue est fort belle ; c'est un Girardon admirable ; mais elle n'est pas d'aplomb ! non, elle n'est pas d'aplomb ! elle penche vers la droite. Comment le duc d'Antin ne s'en est-il pas aperçu ? Allons lui en faire la remarque. Allons !

D'aussi loin que Louis XIV, fier de sa découverte, reconnut le duc d'Antin, qui se promenait au haut de la terrasse et causait avec des seigneurs de la cour, il lui fit signe de venir au plus vite. Les groupes de seigneurs et d'Antin se hâtèrent d'accourir vers le roi, dont ils auraient voulu deviner la pensée ; en un instant ils l'entourèrent.

— Messieurs, leur dit le roi en se dirigeant du côté de la statue de Girardon, vous allez me dire votre opinion avec franchise, comme vous la dites toujours. Nous avons une observation critique à adresser indirectement à M. le duc d'Antin, parmi les grands éloges dus à l'excellente ordonnance de sa propriété.

— Sire, je me condamne d'avance, répondit le duc.

— C'est ce que je ne vous demande pas, monsieur le duc. Je vous récuse, s'il vous plaît.

— Sire, je me tairai.

On était arrivé devant la statue de Girardon.

Le roi fit quelques pas, et se tournant ensuite

vers les courtisans respectueusement attentifs :
Messieurs, le socle de cette statue vous semble-
t-il en parfait équilibre?

Les personnes consultées par le roi, après avoir
regardé long-temps et minutieusement la statue,
ne rompaient pas le silence.

— Vous ne répondez pas, messieurs! me serais-
je trompé? Cependant mon coup d'œil a été sûr
plus d'une fois. Regardez mieux, je vous prie,
votre complaisance m'obligera.

Obéissant au désir du roi, les courtisans recom-
mencèrent, à de nouveaux points de vue, à des
distances diverses, leur premier examen, trouvé
insuffisant.

— Eh bien! messieurs! toujours le même silence? Je suis donc condamné? Je vous rends votre
liberté d'opinion, monsieur le duc. Vous-même,
dites-nous ce que vous pensez de la position de
cette statue, qui nous avait paru pencher vers la
droite.

— Sire, puisque vous me permettez de parler,
j'oserai dire que j'ai le tort de ne pas voir comme
votre majesté en ce moment. Le faune de Girardon me semble, sauf le respect que je professe, sire,
pour votre avis, être perpendiculaire à la ligne ho-
rizontale du terrain. Me sera-t-il permis à cette
occasion de faire remarquer à votre majesté que la

courbure du sol au sommet de cette allée du parc peut causer l'erreur? Le socle est posé sur une surface courbe.

— J'admets, monsieur le duc, votre objection ; mais je persiste dans mon sentiment, malgré le côté sensé d'une remarque que j'avais déjà faite. Pour terminer le différend, voulez-vous, messieurs, que l'architecte de M. le duc d'Antin soit juge entre nous? L'acceptez-vous pour arbitre?

— Votre majesté s'est déjà montrée vraiment trop généreuse en daignant mettre en balance son opinion et la nôtre.

— Monsieur le duc, il nous serait agréable que vous fissiez appeler céans votre architecte, s'il est ici. Nous attendrons.

Après s'être incliné, le duc d'Antin remonta avec empressement l'allée qui conduit au château.

Pendant sa courte absence, le roi, oubliant la discussion, indiqua du bout de sa canne aux courtisans les nombreuses beautés de l'ouvrage de Girardon, son statuaire de prédilection ; il tenait son chapeau à plumes dans la main gauche afin de se garantir des rayons du soleil. On l'écoutait avec une espèce d'adoration lorsqu'il parlait des grands artistes dont il avait doté la France et son règne. Alors ses chagrins de plomb semblaient ne plus peser autant sur sa profonde décrépitude ; il relevait peu à peu le front ; il était vénérable, lamentable et beau. Que lui restait-il de ses guerres ? l'humiliation ; des ses maîtresses ? madame de Maintenon ; de ses fils ? des souvenirs de poison. Mais de Girardon, de Puget, de Lebrun, de Racine, de Corneille, il lui restait d'impérissables statues, des livres, des tableaux qui devaient illuminer la longue route de son siècle.

Louis XIV se plut à parler avec onction de quelques-uns de ces artistes, revenant toujours sur le mérite particulier de Girardon.

Troyes, en Champagne, fut la patrie de François Girardon, un des artistes dont la vie accompagna pas à pas le règne de Louis XIV, et fut la plus dévouée aux volontés de ce monarque. Né en 1627, il ne mourut qu'en 1715 ; soixante années de cette glorieuse vie furent employées à tailler des statues, des fontaines, des vases et des bas-reliefs pour les jardins royaux, et notamment pour Versailles, qu'il vit commencer et finir, embrassant dans sa longévité patriarcale la période des nombreux sculpteurs du dix-septième siècle, presque tous nés après lui et morts avant lui. Cette ample existence, jointe à l'influence qu'il acquit par sa renommée et la charge d'inspecteur-général de tous les ouvrages de sculpture dont il fut revêtu à la mort de Lebrun, rendent raison de la prépondérance de son goût sur les artistes de son temps. A l'exception de Puget, trop rustique, trop d'un seul bloc, pour obéir à d'autres ordres que ceux de son inspiration, tous les sculpteurs du dix-septième siècle inclinèrent le ciseau devant lui, et passèrent sous son équerre. Auguier, Coysevox, Renaudin, Coustou, furent ses élèves ou ses courtisans; et par déférence ou par conviction, malgré les dissemblances de leur génie, ils adoptèrent sa manière sans se permettre d'autre mérite, avec la faculté incontestable d'en avoir à ajouter à celui de leur maître, que de multiplier ses formes uniquement gracieuses : Versailles fut un monastère qui eut sa règle invariable et son abbé inflexible dans Girardon. Ses statues et celles de ses disciples sont de la même famille. Au lieu du nez droit des Grecs, signe accepté de plusieurs générations de sculpteurs, ce furent les chutes des reins ondulées, les petites épaules, et les chairs chiffonnées qui caractérisèrent l'école de Girardon. Elle ne vaut pas celle de Jean Goujon, qui s'ensabla sous le règne de Louis XIII, sans qu'on en puisse dire au juste la raison; mais, à coup sûr, elle vaut infiniment mieux que celle dont le chevalier Bernin, géant de plâtre, était alors le représentant en Italie, et mieux encore que toutes celles qui lui ont succédé au dix-huitième siècle et au dix-neuvième siècle, jusqu'à nous. Quand on n'atteint pas à l'énergie du geste comme Puget, on n'a rien de mieux à faire que de s'arrêter à l'amabilité des formes de Girardon. S'il n'eut pas toutes les qualités dévolues à la statuaire antique, la réflexion serrée, la grâce dans l'exactitude, la vie idéale à la surface de la vie réelle, il eut à un très-haut degré l'instinct de toutes les sensibilités de la chair, qualités dont il eut les défauts, en poussant la vérité jusqu'à la trivialité du moment, c'est-à-dire jusqu'à voir le plus gracieux modèle d'une nature de choix dans l'épiderme soyeux d'une duchesse.

Enfin, d'Antin revint accompagné de son architecte, de celui dont le roi attendait la sentence sans appel.

— Décidez entre nous, monsieur, lui dit le roi d'un ton de bonté encourageante. Cette statue est-elle ou n'est-elle pas en équilibre?

Avant de répondre, l'architecte posa son équerre au milieu de la statue, et laissa pendre le fil à plomb jusqu'au bas du socle.

— Sire, dit l'architecte en montrant la direction du cordon aux courtisans, la statue penche d'un pouce au moins vers la droite.

— J'avais donc raison, messieurs, dit le roi en désignant le duc d'Antin, qui paraissait moins confus de sa propre défaite que satisfait de la victoire de Louis XIV.

— Sire, répondit-il, vous nous pardonnerez de n'avoir pas la rectitude de votre regard ; sinon ce serait nous punir de ne pas vous égaler.

Les autres courtisans varièrent ce thème élogieux sur toutes les notes, quoique au fond, eux et le duc d'Antin, le premier, sussent parfaitement que le faune de Girardon tombait sur le côté d'une manière sensible. La comédie avait parfaitement réussi.

Cette supériorité de lumières plaisait au roi, qui prenait pour des avantages réels sur l'intelligence des autres ces concessions complaisantes, renouvelées sous mille formes autour de lui.

Le duc d'Antin, devenu, par cette première flatterie, surintendant des bâtimens, la reprit souvent avec succès. Dans les *pièces relatives au siècle de Louis XIV* [1], de Voltaire, on lit (pages 390-394) : « Les chefs-d'œuvre de sculpture furent prodigués dans ses jardins. Il en jouissait et les allait voir souvent. J'ai ouï dire à feu M. le duc d'Antin que, lorsqu'il fut surintendant des bâtimens, il faisait quelquefois mettre ce qu'on appelle des cales entre les statues et les socles, afin que, quand le roi viendrait se promener, il s'aperçût que les statues n'étaient pas droites, et qu'il eût le mérite du coup d'œil. En effet, le roi ne manquait pas de trouver

[1] Édition Delangle.

le défaut. M. d'Antin contestait un peu, et ensuite se rendait et faisait redresser la statue, en avouant avec une surprise affectée combien le roi se connaissait à tout. Qu'on juge par cela seul combien un roi doit aisément s'en faire accroire.

» On sait le trait de courtisan que fit ce même duc d'Antin, lorsque le roi vint coucher à Petit-Bourg, et qu'ayant trouvé qu'une grande allée de vieux arbres faisait un mauvais effet, M. d'Antin la fit abattre et enlever la même nuit; et le roi, à son réveil, n'ayant plus trouvé son allée, il lui dit : Sire, comment vouliez-vous qu'elle osât paraître devant vous? elle vous avait déplu.

» Ce fut le même duc d'Antin, qui, à Fontainebleau, donna au roi et à madame la duchesse de Bourgogne un spectacle plus singulier, et un exemple plus frappant du raffinement de la flatterie la plus délicate. Louis XIV avait témoigné qu'il souhaiterait qu'on abattît quelque jour un bois entier qui lui ôtait un peu de vue; M. d'Antin fit scier tous les arbres du bois près de la racine, de façon qu'ils ne tenaient presque plus; des cordes étaient attachées à chaque corps d'arbre, et plus de douze cents hommes étaient dans ce bois prêts au moindre signal. M. d'Antin savait le jour que le roi devait se promener de ce côté avec toute sa cour; sa majesté ne manqua pas de dire combien ce morceau de forêt lui déplaisait : — Sire, lui répondit-il, ce bois sera abattu dès que votre majesté l'aura ordonné. — Vraiment, dit le roi, s'il ne tient qu'à cela, je l'ordonne, et je voudrais déjà en être défait. — Eh bien, sire, vous allez l'être. — Il donna un coup de sifflet, et l'on vit tomber la forêt. — Ah ! mesdames, s'écria la duchesse de Bourgogne, si le roi avait demandé nos têtes, M. d'Antin les ferait tomber de même. »

La plaisanterie de la duchesse de Bourgogne sur les formes expéditives du duc d'Antin rappelle singulièrement le bon mot de madame de Maintenon, le jour où l'allée fut aussi coupée au pied au château de Petit-Bourg ; conformité qui autorise à douter de l'une ou de l'autre anecdote, si elle n'invite pas à les rejeter toutes deux, malgré le témoignage de Voltaire.

L'art de courtisan, dont on s'est moqué avec plus de haine que de raison, n'était pas, comme on a le tort habituel de le croire, une infirmité dégradante, un abaissement de l'ame. Sans doute Dangeau était parfois ridicule par l'excès de son adoration pour Louis XIV, quoique Dangeau, et son journal même le prouve, fût un écrivain tout aussi agréable pour son temps qu'il est utile à consulter dans le nôtre ; sans doute le duc d'Antin et le duc de la Feuillade, l'un en sciant au pied un rideau d'arbres,

l'autre en érigeant au roi, au milieu de la place des
Victoires, une colossale statue équestre autour de
laquelle des flambeaux brûlaient toute la nuit,
poussèrent trop loin le dévouement domestique et
l'affection privée; mais le sentiment qu'ils gâtaient
par l'exagération mérite une étude, et non du mépris. Cette étiquette, dont ils se montraient si jaloux et si heureux, n'était pas chose vaine alors.
Comment se classaient les hommes? est-ce par l'intelligence ou par le rang? Puisque c'est par le rang,
rien ne pouvait être inviolable comme le rang; et
l'on ne voit pas pourquoi on n'aurait pas dû avoir
autant de juste vanité à offrir à Marly le bougeoir
à Louis XIV qu'on en a eu plus tard à réclamer
dans un plat d'argent les cheveux de Napoléon
quand il se les faisait couper. Or le rang repré-
sentait plus de la moitié du courtisan; le respect et
l'affection personnelle, si nécessaire sous une monarchie absolue, faisaient le reste. Cette affection
valait à la couronne des officiers dévoués au moment de la guerre et des amis dans le malheur.
Le courtisan Turenne se faisait emporter par un
boulet; le courtisan d'Antin envoyait toute son
argenterie à la fonte pour que les soldats de
Louis XIV ne mourussent pas de faim pendant les
si désastreuses campagnes de la fin de son règne.
N'altérons pas les idées en déshonorant les noms;

ne pas aimer la monarchie absolue n'oblige pas à méconnaître le fond de son institution, le caractère de sa langue, la sincérité de son culte. Qu'eût été Louis XIV sans courtisans? Se le figure-t-on au milieu des sujets d'un stathouder? A cet esprit de cour, à ce fanatisme pour la monarchie personnifiée, à cette tendresse, qui ne rougissait pas de baisser la tête devant le roi, à la condition de la laisser tomber pour lui dans l'occasion, la France doit une flexibilité de langage impossible à surpasser, une variété de charmantes formules de conversation, qui sont à la pensée ce que les feuilles sont au bois d'un arbre, c'est-à-dire un ensemble touffu, gazouillant, inépuisable, harmonieux. Sans ces fous de marquis, ces vicomtes débraillés, sans ces chevaliers galans, dans lesquels nous ne voyons que des courtisans, nous serions, comme nation civilisée, au niveau des Hollandais pour la finesse de manières, et des Anglais pour l'élégance du langage : un siècle en arrière. Quand le roi est la patrie, le monde c'est la cour.

En 1717, à l'époque de transformation où les hommes d'esprit commençaient à détrôner, en politique comme en littérature, les fortes capacités du siècle précédent, un homme de génie, dans toute l'exigeante acception du mot, Pierre Ier, czar de Moscovie, eut une seconde fois l'envie de connaître la France. On sait que ce désir avait été antérieurement éludé par Louis XIV, peu jaloux, dans sa vieillesse inquiète et sans faste, d'accueillir à sa cour un souverain venant exprès du fond du nord pour voir de près les magnificences qu'on lui avait racontées de la cour du grand roi. Mais Louis XIV était mort, Louis XV était encore enfant, le régent ne haïssait pas la représentation, et d'ailleurs le czar avait depuis Louis XIV étendu une illustration sans exemple d'un bout de l'Europe aux extrémités de l'Asie : son projet devait se réaliser. Après avoir voyagé en Hollande, en Allemagne et en Angleterre, il ne pouvait trouver d'obstacle sérieux à voir la France, alors plus fermement qu'aujourd'hui encore placée à la tête des nations civilisées.

Pour la première fois peut-être, un monarque sortait de ses états lointains, non par un vain désir de voir et d'être vu, mais pour s'instruire dans les arts utiles au commerce et à la navigation, deux grandes, deux fécondes passions du fondateur de l'empire russe.

Dunkerque fut le port où, le 21 mai 1717, descendit Pierre Ier, accompagné de sa suite. Pour le recevoir dignement, le régent avait mis à sa disposition des fourgons, des carrosses en très-grand nombre, les plus riches équipages du roi, avec ordre de traiter le czar comme le roi lui-même. Le marquis de Nesle se présenta à lui à Calais pour lui faire les honneurs du voyage jusqu'à Beaumont, d'où le maréchal de Tessé devait l'escorter jusqu'à Paris. Cette déférence parut naturelle au czar; et, pendant toute sa résidence dans la capitale, il ne se montra jamais surpris du cérémonial outré dont on usa envers lui.

« Ce prince, dit une relation historique dédiée au czar lui-même, et écrite par l'auteur du nouveau *Mercure François*, arriva à Paris entre neuf et dix heures du soir, le roy étant déjà couché. Il fut surpris de voir les rues Saint-Denis et Saint-Honoré toutes illuminées, avec un peuple infini qui occupoit les fenêtres et les passages. »

Quoique ses appartemens eussent été dressés au Louvre avec une somptuosité digne de son rang, on jugea, et ce fut fort à propos, de lui tenir prêt l'hôtel de Lesdiguières, appartenant au maréchal de Villeroi. On supposa que le czar serait plus à l'aise qu'au Louvre dans un hôtel exclusivement dévolu à lui seul. Ainsi qu'il avait été réglé, le maréchal de Tessé, qui avait rencontré Pierre Ier à Beaumont, l'accompagna jusqu'à Paris, et lui servit d'introducteur au Louvre le soir du même jour, vers neuf heures. Les marbres, les lumières répandues à l'excès dans les appartemens, les girandoles de cristal, jouant, tournant et miroitant à ses yeux, les dorures des plafonds et des portes, les couleurs cramoisies des tapisseries, le fatiguèrent à tel point, qu'il voulut s'en aller tout de suite à l'hôtel de Lesdiguières. « Étant entré dans la salle (une des salles du Louvre), où il trouva deux tables de soixante couverts chacune, en gras et en maigre, il les considéra, et demanda un morceau de pain et des raves, goûta à cinq ou six sortes de vins, but deux gobelets de bière, qu'il aime beaucoup, et jetant les yeux sur la foule de seigneurs et autres personnes dont les appartemens étoient pleins, il pria M. le maréchal de Tessé de le faire conduire à l'hostel de Lesdiguières, proche l'Arsenal. » On avait encore trop richement orné cet hôtel pour ses goûts d'une simplicité austère. Dédaignant les meubles opulens placés par l'ordre du régent, et surtout le lit d'or et de soie qui lui était destiné, il fit porter et préparer son lit de camp, et s'y coucha à demi habillé, comme il en usait à l'armée. C'était à cet empereur sauvage que le seigneur le plus délicat de la cour avait prêté son riche, son magnifique hôtel.

Sa personne était en analogie parfaite avec son esprit ; la rudesse et l'intelligence marquaient sa physionomie et ses actions. Grand, maigre, mais bien pris, l'œil noir asiatique, le teint animé, rou-

geâtre comme la glace au soleil, il avait par momens des irritations nerveuses dont tous les angles
et les muscles faciaux étaient émus. S'il s'apercevait de sa contraction, il la domptait et l'effaçait
sous un sourire affecté, mais plein de grâce.

« Le même jour, le czar étant sorti à cinq heures
du matin dans un carrosse à deux chevaux seulement, il alla à l'Arsenal, à la Place-Royale, dont
il fit le tour; ensuite à la place des Victoires, qu'il
dessina, et y lut les inscriptions; et de là à la place
de Louis-le-Grand, dont il admira la statue équestre. Il s'arrêta chez le charpentier du roi, vit tra-
vailler ses ouvriers, et travailla avec eux, s'infor-
mant du nom et de l'usage des outils différens; il
descendit aussi chez le menuisier du roi, où il fit
ses observations. Ce monarque avoit prié le jour
précédent M. le duc d'Antin de lui fournir une
description de tout ce qu'il y avoit de plus curieux
à Paris : deux heures après, ce seigneur lui apporta
un cahier proprement relié, qui contenoit toutes
les raretés de cette grande ville; il le reçut sans
l'examiner; mais, l'ayant ouvert, il fut agréablement surpris de le voir traduit en langue escla-
vonne, et s'écria qu'il n'y avoit qu'un François capable de cette politesse.

» M. le duc d'Antin accompagna le czar à l'a-
cadémie royale de Peinture et de Sculpture, où

M. Coypel, peintre célèbre, eut l'honneur de lui expliquer tous les sujets différens qui méritent quelques observations.

» Le 16, le czar se rendit aux Invalides à l'heure du dîner. Il salua en particulier tous les officiers, et leur fit l'honneur de les nommer ses camarades. »

On connaît son costume : perruque sans poudre, habit sombre, point de dentelles ; jamais de gants.

Son appétit était primitif comme ses manières : il mangeait énormément, buvait davantage ; il buvait toujours. Sa suite aurait cru lui faire injure en affectant de la sobriété. Son aumônier seul le surpassait en intempérance.

Et cependant ce prince, trivial jusqu'à passer des journées entières avec des maçons, à partager leurs travaux, méprisant à un degré presque puéril l'éclat du luxe, la mollesse de notre vie intérieure, le relâchement de nos habitudes, était d'un despotisme presque raffiné sur l'étiquette, d'une tyrannie subtile sur les questions de préséance. C'était un ours tombé dans l'habit d'un marquis ; un ours poudré.

On est émerveillé de la docilité du régent à condescendre à toutes les servilités d'une étiquette qui, apparemment, voulait que le prince visité fût le laquais du prince visiteur. Le czar prétend ne mettre le pied hors de son hôtel de Lesdiguières qu'après avoir été salué par le duc d'Orléans, et le duc d'Orléans s'empresse de se rendre au caprice du czar, lequel fait deux pas en avant, tourne le dos, et passe le premier dans un cabinet où il s'assied au haut bout. A l'Opéra, le czar a soif, le duc d'Orléans se lève, va chercher de la bière, et en offre un verre dans une soucoupe ; quand le czar a bu, il prend une serviette des mains du duc d'Orléans et s'essuie les lèvres. Le czar nous coûtait six cents écus par jour, y compris le service du duc d'Orléans.

Nous passons sur une foule de traits qui décelèrent le caractère du czar pendant son séjour à Paris, pour mentionner un événement de la fête dont il fut le héros chez le duc d'Atin à Petit-Bourg.

« Le 30 de mars, M. le duc d'Antin engagea ce prince à aller dîner à Petit-Bourg, d'où il a dû se rendre à Fontainebleau, tout étant disposé pour l'y recevoir, et pour lui donner successivement le plaisir de la chasse du loup, du cerf et du sanglier.

» Il s'en faut beaucoup que les voyages des empereurs Charles IV, Sigismond, et Charles V, en France, aient eu une célébrité comparable à celle du séjour qu'y fit Pierre-le-Grand. Ces empereurs n'y vinrent que par des intérêts de politique, et n'y parurent pas dans un temps où les arts perfectionnés pussent faire de leur voyage une époque mémorable ; mais quand Pierre-le-Grand alla dîner chez le duc d'Antin, dans le palais de Petit-Bourg, à trois lieues de Paris, et qu'à la fin du repas il vit son portrait, qu'on venait de peindre, placé tout d'un coup dans la salle, il sentit que les Français savaient mieux qu'aucun peuple du monde recevoir un hôte si digne. » (*Histoire de Russie*, part. II, chap. VIII, p. 336, édition Delangle.)

Ni Voltaire, que nous citons, ni Saint-Simon et Dangeau, à qui nous empruntons souvent, ne parlent de ce voyage du czar en France avec la minutieuse fidélité du *Mercure,* quoique tous les trois affectent l'ordre chronologique le plus absolu dans leur récit. A notre avis, *le Mercure* est la meilleure source où l'on doive puiser quand on a besoin de connaître les événemens du temps de Louis XIV, du régent et de Louis XV. Ce mérite, il n'est pas besoin de le dire, n'est relevé ni par celui du style ni par celui d'un esprit de critique même au niveau de la liberté fort restreinte de l'époque. Père du journalisme, *le Mercure* a débuté par la naïveté, et le journalisme est, je crois, maintenant assez éloigné de son origine.

Nous détacherons encore de cet excellent recueil

quelques lignes instructives parmi celles qui sont consacrées au séjour du czar à Paris.

« Le dimanche, 30 du passé, le czar arriva de bonne heure à *Petit-Bourg*, où M. le duc d'Antin lui fit servir un dîner magnifique, après lequel il alla coucher à Fontainebleau. Le lendemain, il courut le cerf avec l'équipage du roi, et monta les chevaux de M. le comte de Toulouse, qui se trouva à cette chasse ; elle fut si vive, que le cerf fut forcé en moins d'une heure et demie. Le czar, qui n'avoit jamais pris ce plaisir royal, en parut fort content, et fit à M. le comte de Toulouse toutes les honnêtetés imaginables.

» Il revint coucher à Petit-Bourg, où M. le duc d'Antin le reçut aussi magnifiquement que la veille, quoique ce retour fût imprévu. Après avoir parcouru les jardins et la terrasse qui sert de barrière à la Seine, il entra le 1er juin dans une gondole, qui le ramena à Paris avec toute sa cour, qui le suivoit dans d'autres bateaux. Il s'arrêta à Choisy, où il fut accueilli par madame la princesse de Conti, douairière, qui doit y séjourner tout l'été ; il vit les jardins et les appartemens : s'y étant rafraîchi, il continua son chemin en gondole, et ayant traversé tous les ponts de Paris, il vint descendre à l'abreuvoir, au-dessous de la porte de la Conférence ; il monta en carrosse, et, passant sur les remparts de la ville, il alla chez un artificier où il acheta une grande quantité de fusées et de pétards qu'il voulut tirer lui-même dans le jardin de l'hôtel de Lesdiguières. »

Quelque curieux que soit le reste du récit, il s'éloigne trop de notre sujet pour que nous le transcrivions ici. Nous ne racontons pas la vie du czar Pierre, mais un jour, quelques heures de sa vie, passées au château dont nous nous sommes constitué l'historien.

Louis XV ne fut pas moins porté que son grand-aïeul à combler les vacances du trône par le plaisir, la variété des fêtes, les petits soupers, créés sous son règne et dans son palais même, et par mille voluptés dont les raffinemens augmentèrent avec sa vieillesse. Entre autres goûts, il avait aussi le goût de la chasse, à l'exemple de presque tous ses prédécesseurs. Ce plaisir était pour lui d'autant plus vif qu'il était l'occasion de deux autres auxquels il tenait beaucoup. Quand il avait chassé, il mangeait mieux, il aimait davantage, ou bien il mangeait davantage et il aimait mieux. Cette manière d'être étant passée en habitude chez Louis XV, et en principe chez les courtisans, serviteurs discrets de ses désirs, il trouvait toujours, après la chasse, au château où il daignait descendre, un souper des plus fins, et pour convives les plus jolies et les plus spirituelles femmes de la noblesse française ; et ceci se prolongeait sans lacune jusqu'à l'heure de quelque sérieuse maladie arrivant avec son cortége noir de médecins et de prêtres. Alors la favorite était congédiée pendant tout le règne de la fièvre, ce qui à beaucoup de gens ne paraîtra pas un grand sacrifice fait à la religion.

La forêt où Louis XV aimait le plus à chasser était celle de Sénart ; c'est du moins dans la forêt de Sénart que le *Mercure galant*, ce journal si précieux à consulter, nous le montre le plus souvent à la poursuite du chevreuil et du cerf. Deux châteaux le recevaient de préférence aux autres sur la rive droite et sur la rive gauche de la Seine, celui de Soisy-sous-Étiolles et celui de Petit-Bourg. Heureux d'y prolonger un délassement plein de charmes, il n'en partait qu'aux deux tiers de la nuit, quand il n'y restait pas jusqu'au matin, circonstance plus rare ; car il fallait traverser Paris au milieu des interprétations indiscrètes des bons bourgeois éveillés.

Parfaitement dociles aux caprices de Louis XV et récompensés selon leur zèle spécial, plus facile à définir qu'à justifier, les courtisans d'un certain esprit et d'un certain naturel avaient la haute direction des plaisirs clandestins du roi. La peine n'était pas perdue ; il s'est créé beaucoup de duchés-pairies à cette époque dont le faubourg Saint-Germain sait l'origine. Ces amis du roi ne laissaient jamais manquer ses repos de chasse des objets d'affection qu'il avait contracté l'habitude d'y rencontrer. Tous d'ailleurs n'affectaient pas les mêmes facultés ingénieuses. Les uns, le précédant de quelques heures, savaient donner aux mets du festin une physionomie nouvelle, séduisante, irrésistible; leurs mains savantes plaçaient les bougies dans l'endroit le plus favorable à l'éclat des beautés cueillies pour la soirée. D'autres excellaient dans le mystère; leur science était profonde à faire paraître sur les pas du roi, et comme par le plus grand des hasards, quelque jeune paysanne oubliée comme une fraise au bord d'une allée du bois. Le roi prenait et savourait la fraise. Le lendemain, c'était une moissonneuse égarée loin du sillon, ou une batelière endormie au fond de son bac. La fraise, la batelière et la moissonneuse n'avaient pas toujours une naissance fort rurale, mais les rois n'y regardent pas de si près; d'ailleurs Louis XV ne perdait pas le temps en observation.

Or, un soir d'automne, Louis XV, en revenant de la chasse, alla souper comme de coutume au château de Petit-Bourg. La nuit était belle sans être éclairée par la lune; c'était la pureté sombre d'un ciel étoilé. Malgré la licence acidulée des propos, le piquant des anecdotes, la douce ivresse du vin de Champagne, le roi se leva pour sortir. Un signe avait averti ses compagnons de chasse de ne pas se déranger pour le suivre. Apparemment il souhaitait d'être seul. On eut l'air de ne pas comprendre le motif de cette absence, expliquée cependant par une foule d'absences semblables. C'était le moment où d'ordinaire le roi se heurtait dans l'ombre à quelque délicieuse surprise.

Les joues en feu, le pied leste, l'oreille pourpre, il traversait la dernière pièce qui ouvre sur la terrasse, quand il vit se lever d'un fauteuil où elle était soucieusement assise une dame qu'il n'avait pas aperçue au souper. C'était la comtesse de Mailly, sa favorite, une des cinq charmantes filles du marquis de Nesle. Le roi fut fort étonné de sa présence, qui n'était pas assurément pour lui la rencontre désirée. Depuis quelques années, madame de Mailly pouvait difficilement surprendre Louis XV.

Sans donner au roi le temps de l'interroger, elle lui dit, avec le ton d'autorité que les femmes emploient d'ordinaire lorsqu'elles n'ont plus aucune autorité, qu'elle avait appris avec étonnement (avec indignation, elle aurait voulu dire) que la place vacante de dame d'honneur de la reine allait être accordée à une autre qu'elle, comtesse de Mailly, aimée du roi. Cela était douloureux à penser, honteux à croire, absurde à supposer.

Poli autant que la comtesse de Mailly était sourdement irritée, le roi lui répondit que la reine n'avait encore rien décidé à cet égard. C'était une chose prématurée ou plutôt remise. A coup sûr, ses droits ne seraient pas oubliés dès qu'on songerait à donner l'emploi à quelqu'un.

Après avoir égrainé quelques autres phrases gracieuses, le roi baisa la main à la comtesse.

Il veut être seul, pensa madame de Mailly; la trahison s'achève. Une femme l'attend dans le parc. Mon règne est passé.

Elle ne se trompait guère. Le roi n'avait plus pour elle que l'attachement banal de l'habitude, si aisé à rompre, surtout à la cour.

La comtesse de Mailly marcha prudemment derrière les pas du roi en frôlant les premières haies du parterre; bientôt elle fut comme lui dans l'épaisseur du parc. Sa curiosité ne tarda pas à être satisfaite : ses prévisions l'avaient bien servie.

Bientôt elle entendit dans l'allée voisine des pas doubles sur le gazon et deux voix qui se répondaient sous l'ombre des tilleuls. Elle écouta de toutes les forces concentrées de son attention, le cœur palpitant, l'oreille collée au mur de feuillage qui la cachait.

Le roi disait : Vous êtes bien belle, mademoiselle : pourquoi ne brilleriez-vous pas à la cour, où vous seriez l'admiration de tout le monde et mon adoration secrète ? Venez-y ! votre place y est marquée. La reine a besoin d'une dame d'honneur ; l'emploi vous sera offert demain, acceptez-le pour l'amour de moi.

Il y eut un silence et le froissement d'un baiser sur un gant.

Madame la comtesse de Mailly fut blessée au cœur par le dard de l'ambition et de la jalousie. Honte et douleur ! elle avait reconnu la femme à qui le roi avait ainsi parlé.

Après d'autres dialogues de plus en plus vifs, le couple se sépara brusquement : un bruit s'était fait entendre. Le roi passa d'un côté, sa compagne de l'autre. Madame de Mailly suivit les pas du roi.

La surprise est charmante, en effet, pensa le roi ; mais quelle est cette ombre qui se dirige vers moi en agitant un éventail ? C'est jour de bonheur aujourd'hui. On dirait madame de Lauraguais à sa démarche.

— Madame de Lauraguais ! s'écria le roi. Excusez mon étonnement, madame, je n'aurais jamais osé compter sur une aussi ravissante rencontre.

— Madame de Lauraguais! murmura la comtesse de Mailly en déchirant la petite dentelle de son gant. Elle aussi!

— Je suis effrayée, sire...

— Remettez-vous, madame la duchesse, reposez-vous sur mon bras; qui vous trouble ainsi?

— Je me suis rencontrée, sire, avec une personne sans doute de votre connaissance, là-bas au bout du parc. Nous nous sommes coudoyées. C'est une femme.

— Une femme! pensa le roi : une troisième? Mes amis ont eu trop de zèle. Chacun d'eux aurait dû prendre son jour.

Ne pensez pas à cela, dit le roi à la duchesse, n'écoutez que ma reconnaissance. Vous êtes divine d'avoir consenti à vous promener ce soir dans ce parc; que je vous remercie et que je vous aime!

— Encore une qu'il aime! dit tout bas la comtesse de Mailly.

— Encore une qu'il aime! disait aussi tout bas à quelques pas plus loin la première dame par qui Louis XV avait été abordé en pénétrant dans le parc.

— Sire, dit ensuite la duchesse de Lauraguais, vous m'aimez moins que vous ne me l'assurez.

— Et pourquoi cela, je vous prie, belle duchesse?

— Vous avez promis la place d'honneur à ma sœur Louise, la comtesse de Mailly ; on le dit du moins dans le monde.

— Le monde est dans l'erreur.

— Et l'on ajoute que vous la donnerez pourtant à ma sœur Félicité.

— Autre invention !

— On connaît déjà ma chute, pensa douloureusement madame de Mailly : on me remplace publiquement dans le cœur du roi par ma sœur !

— Voilà qui est loyal de la part d'une sœur cadette, dit à elle-même celle que madame la duchesse de Lauraguais désignait sous le nom de Félicité.

— Et qui donc aura la place de dame d'honneur ? demanda la duchesse de Lauraguais, qui, avec infiniment moins de beauté et d'esprit que ses deux sœurs, avait toute l'étourderie de son extrême jeunessse.

— Devinez, répondit le roi en lui enlevant une épingle d'or de sa petite perruque galamment poudrée.

— Et votre majesté voudrait-elle bien me dispenser de deviner le motif pour lequel il m'a été fait violence ? s'écria tout-à-coup une quatrième femme en se jetant sur le passage du roi, renversé par cette apparition. On devine que la duchesse de Lauraguais n'était plus là.

— Oui! votre majesté serait-elle assez généreuse pour m'expliquer le motif de ma présence ici, quand rien, j'ose le dire, ne m'a fait solliciter cet honneur ?

— Encore un zélé maladroit, pensa Louis XV. Il paraît qu'on m'aura entendu louer les attraits de la marquise de Flavacourt, et voilà qu'on la conduit par force à mon souper de Petit-Bourg ! Je suis trop bien servi aujourd'hui.

— Madame la marquise, répondit le roi, peu habitué à se déconcerter dans les aventures de ce caractère, on aura commis une erreur dont je rechercherai la cause, quoique, je l'avoue, il me soit pénible de m'en plaindre.

— Des hommes ont renversé mon cocher, un d'eux s'est emparé du siége, et j'ai été menée à ce château, dans ce parc. Je suis une de Nesle, marquise de Flavacourt !

— Je vais vous faire reconduire chez vous, madame la marquise, avec tous les honneurs respectueux dus à votre personne. Mes valets vous escorteront avec des flambeaux.

— Ces marques de respect, sire, me touchent beaucoup; mais ce trop d'honneur obtenu pourrait m'en faire perdre davantage. Permettez que je me retire sans bruit, et satisfaite de la réparation que votre majesté daigne me donner.

—Je vous dois encore quelque faveur plus grande, charmante marquise, reprit Louis XV, qui, revenant à la galanterie malgré sa dignité affectée, ignorait qu'auprès de lui la comtesse de Mailly, et ses deux sœurs, celle qui devait être bientôt la comtesse de Vintimille et la duchesse de Lauraguais, trois femmes! l'écoutaient avec un égal dépit et un désir égal de voir comment le roi et la marquise de Flavacourt se sépareraient.

—Sire, je n'attends de votre majesté qu'une grâce, celle de me permettre de ne point accepter la proposition qui m'a été faite aujourd'hui par la reine.

—Parlez!

—Depuis long-temps, sire, j'avais renoncé à paraître à la cour, et vous savez pour quelle raison je n'ai pas déguisé ma répugnance. Ma sœur la comtesse de Mailly n'est pas votre femme. Aujourd'hui la reine m'offre la place de dame d'honneur, et je me trouve brutalement traînée à Petit-Bourg: souffrez que je n'interprète pas cette double circonstance. Je penserais que le choix de la reine a été mis à prix par certains favoris, sans consulter ni votre majesté, ni la reine, ni moi. Maintenant je profite de votre permission, et me retire.

Et les trois autres femmes cachées dans l'ombre de dire:

La comtesse de Mailly : C'est fini ! On conspire contre moi. Me remplacer par ma sœur Hortense ! Et le roi qui a de l'affection pour toutes les trois ?

La future duchesse de Vintimille murmurait : Si ma sœur, la comtesse de Mailly, entendait cela !

Et si mes sœurs les comtesses de Vintimille et de Mailly étaient ici ! disait madame de Lauraguais.

— Adieu donc, madame la marquise ! dit le roi à madame de Flavacourt, et croyez bien en partant que c'est moi qui ai couru le plus grand danger.

Cette dernière conversation avait ramené le roi et madame de Flavacourt tout près du château. Tandis que celle-ci allait regagner la grande allée qui aboutit à la grille placée sur le chemin de Fontainebleau, et que le roi foulait déjà les marches du perron, des hommes portant des flambeaux paraissent au seuil de la porte, et au milieu d'eux ils laissent voir tous les gentilshommes et toutes les dames du souper. On venait lui présenter la belle duchesse de Châteauroux, qui accourait de Paris pour remercier le roi d'avoir contribué à la faire nommer dame d'honneur de la reine.

Et les cinq sœurs se trouvèrent en présence : la comtesse de Mailly, sa sœur Félicité, plus tard comtesse de Vintimille, la duchesse de Laura guais, la marquise de Flavacourt et la duchesse de Châteauroux, toutes les cinq filles du marquis de Nesle.

Louis XV aima les cinq sœurs. On dit qu'il ne fût aimé que de quatre; la cinquième, la marquise de Flavacourt, résista au roi. C'est la seule dont l'histoire ne se soit pas occupée.

La possession de Petit-Bourg par madame la duchesse de Bourbon se rattache à une date peu éloignée de 1750. Jusqu'à la révolution française, cette princesse, aussi douce, aussi bonne qu'aimable et que jolie, ajouterons-nous, si nous nous en rapportons à la mémoire fort complaisante pour nous de quelques gentilshommes du temps, résida fréquemment dans ce château, où sa piété mystique s'exaltait sans obstacles jusqu'aux plus profondes sphères de la rêverie.

Fille du duc d'Orléans, le petit-fils du régent, elle avait épousé le duc de Bourbon, celui dont la fin tragique n'a cessé d'être un problème que pour la justice des tribunaux. La vie de cette femme élevée exercera un jour la plume curieuse de ces bons esprits investigateurs qui relèvent tous les passés de quelque prix et les remettent en honneur. Sa jeunesse ne serait pas la page sérieuse. En 1778, on était peu sérieux encore; et la duchesse n'avait pas vingt ans. Un excès de jalousie

lui souffle la mauvaise pensée d'aller au bal de l'O-
péra, le mardi gras de 1778. Elle y va pour rail-
ler sous le masque madame de Can..., aimée autrefois, aimée encore peut-être du duc de Bourbon.
Ce soir-là, M. le comte d'Artois donnait le bras
à madame de Can... Tous trois étaient masqués;
tous trois se reconnaissent pourtant. Double jalousie au cœur de la duchesse, qui avait été favo-
rablement remarquée, il y avait peu d'années
encore, par le comte. Elle poursuit madame de
Can..., l'embarrasse, la mortifie, la torture si
bien, que la victime du bal abandonne de honte
le bras de son cavalier et se perd dans la foule. La
partie ne resta plus engagée qu'entre la duchesse
de Bourbon et le comte d'Artois. Poussant l'esprit un peu au-delà des bornes permises, la duchesse s'oublia au point d'enlever le masque au
sérénissime interlocuteur. Irrité, le comte d'Artois arrache alors celui de madame de Bourbon,
et le lui lance tout broyé au visage. C'était un
soufflet.

Les suites de ce scandale remuèrent la cour et
la ville. La cour fut en apparence pour le comte
d'Artois, la ville ouvertement pour le duc de
Bourbon. Un moment eut lieu où la bravoure du
frère du roi fut cruellement mise en doute; affront
immérité, ainsi que l'événement le prouya.

« Contez-moi donc comment cela s'est passé.
— (Mémoires du baron de Besenval.)

» Ce matin, me répondit le chevalier de Crus-
sol, avant de partir de Versailles, j'ai fait mettre
en secret, sous un coussin de la voiture, sa meilleure épée. Quand nous sommes arrivés à la Porte-
des-Princes (bois de Boulogne), où nous devions
monter à cheval, j'ai aperçu M. le duc de Bourbon
à pied, avec assez de monde autour de lui. Dès
que M. le comte d'Artois l'a vu, il a sauté à terre,
et allant droit à lui, il lui a dit en souriant :
*Monsieur, le public prétend que nous nous cher-
chons.*

» M. le duc de Bourbon a répondu en ôtant son
chapeau : *Monsieur, je suis ici pour recevoir vos
ordres.* — *Pour exécuter les vôtres,* a repris
M. le comte d'Artois, *il faut que vous me per-
mettiez d'aller à ma voiture;* et étant retourné à
son carrosse, il y a pris son épée; ensuite il a re-
joint M. le duc de Bourbon.

» Les éperons ôtés, M. le duc de Bourbon a demandé la permission à M. le comte d'Artois d'ôter
son habit, sous prétexte qu'il le gênait. M. le
comte d'Artois a jeté le sien, et l'un et l'autre
ayant la poitrine découverte, ils ont commencé à
se battre. M. le duc de Bourbon a chancelé, et j'ai
perdu de vue la pointe de l'épée de M. le comte

d'Artois, qui apparemment a passé sous le bras de
M. le duc de Bourbon. *Un moment, messieurs,*
leur ai-je dit, *en voilà quatre fois plus qu'il n'en
faut pour le fond de la querelle.*

» *Ce n'est pas à moi à avoir un avis,* a repris
M. le comte d'Artois. *C'est à M. le duc de Bourbon à dire ce qu'il veut : je suis ici à ses ordres.*

» *Monsieur,* a répliqué M. le duc de Bourbon
en adressant la parole à M. le comte d'Artois et
en baissant la pointe de son épée, *je suis pénétré
de reconnaissance de vos bontés, et je n'oublierai
jamais l'honneur que vous m'avez fait.*

» M. le comte d'Artois ayant ouvert ses bras, a
couru l'embrasser, et tout a été dit. »

Les préliminaires de ce duel royal entre le duc
de Bourbon et le comte d'Artois sont la plus agréable partie des Mémoires du baron de Besenval,
qui s'y montre du reste fort peu partisan des opinions philosophiques de la duchesse de Bourbon.

Ce furent ces opinions, mais passées à l'état
mystique le plus éthéré, qui lièrent d'une sympa-
thie tendre le Swedenborgiste Saint-Martin et la
duchesse de Bourbon. Leur intimité commença
avant la révolution, la traversa malgré les distances
et l'exil, et se rétablit après la grande tourmente.
Le sublime métaphysicien, cet homme rare dont
les écrits ne sont pas connus de cent personnes en

France, et qui aura un jour une impérissable célébrité, allait répandre dans le parc silencieux de Petit-Bourg ses harmonieuses doctrines, que recueillaient le marquis de Lusignan, le maréchal de Richelieu, le chevalier de Boufflers, et surtout la duchesse de Bourbon. C'est là que fut expliquée pour la première fois en France la parole apocalyptique de Jacob Bœhm. Ainsi, il était écrit que les gens de qualité faciliteraient le passage à tous les grands courans d'idées affluant de toutes parts vers Paris. Un marquis protégeait le magnétisme, des barons et des ducs allaient transformer les états-généraux en constituante, c'est-à-dire la monarchie en république; une duchesse, un chevalier, un maréchal, se passionnaient pour les plus larges écarts de l'instinct religieux.

Parmi les milliers de formes politiques enfantées par les exubérantes imaginations de l'époque, on ne doit pas oublier celle de la duchesse de Bourbon : 1° Rendre les hommes vertueux et libres; 2° qu'ils aient tous le nécessaire pour vivre; 3° qu'il n'y ait de distinction parmi eux que celles que doivent établir la vertu, l'esprit, les talens et l'éducation; 4° donner à chaque homme les moyens de parvenir au degré que ses facultés naturelles pourraient lui permettre; 5° qu'il y ait liberté de religion; 6° *qu'il soit honteux d'être riche et de se mettre au-dessus des autres;* 7º que celui qui reçoit salaire doive obéissance à celui qui le paie; 8º que la vieillesse soit honneur pour les jeunes gens; que la convenance des cœurs dicte les mariages; 9º que tous les états soient également honorables et hono-rés; 10º que la loi punisse le crime sans donner la mort; 11º que les juges soient irrécusables; 12º que tous les citoyens soient nés soldats; 13º être frugal et simple; 14º pour y parvenir, que ceux qui gouvernent donnent l'exemple de toutes les vertus; 15º que le choix des magistrats soit fait par le peuple d'après une liste faite par les ministres du culte, que je suppose des êtres divins; 16º quant au mode de gouvernement, je n'ai point d'idée sur cela; mais en mettant en vigueur les règles que je viens d'établir, il serait bon, quel qu'il puisse être (1).

Voilà ce que pensaient, à l'extrême fin du dix-septième siècle, et ce qu'osaient écrire les gens de cour, une duchesse de Bourbon, une princesse de sang royal.

Soit qu'en se rapprochant de la funeste réalisation de son système, la duchesse de Bourbon finît par en comprendre les dangers, soit que Saint-Martin eût pris de plus en plus de l'empire sur ses idées, elle se renferma dans son mysticisme derrière

---

1 *Mémoires du comte d'Allonville.*

ses beaux arbres de Petit-Bourg, d'où la révolution
ne devait pas tarder à l'exiler, et tête-à-tête avec le
grand, l'immortel illuminé d'Amboise, elle écrivit
sur la religion et le monde invisible. C'est à cette
série d'écrits que Saint-Martin répondait de Lyon
en 1793, par la publication de son *Ecce homo, ou
le nouvel homme;* réfutation aimante, tendre,
pleine d'inspirations voilées, mais allant au cœur
et à la persuasion par on ne sait quel chemin;
c'est par ces mots, adressés comme tout le reste du
livre à la duchesse de Bourbon, que Saint-Martin
termine son *Ecce homo :*

« Ne te donne point de relâche que cette ville
sainte ne soit rebâtie en toi, telle qu'elle aurait dû
toujours y subsister, si le crime ne l'avait renversée, et souviens-toi que le sanctuaire invisible où
notre Dieu se plaît d'être honoré, que le culte, les
illuminations, qu'enfin toutes les merveilles de la
Jérusalem céleste peuvent se retrouver encore aujourd'hui dans le cœur du nouvel homme, puisqu'elles y ont existé dès l'origine. »

Rien n'est plus clair que ces paroles quand on
s'est un peu brisé au langage des illuminés, hommes sur lesquels le dernier mot n'a pas été dit. Ils
auront encore un jour dans les siècles; mais qu'on
juge de l'attachement plus qu'humain qui s'était
formé entre la duchesse de Bourbon et Saint-

Martin par cette réflexion du saint Jean de l'illu-
minisme :

« Il y a deux êtres dans le monde en présence
desquels Dieu m'a aimé ; aussi, quoique l'un fût
une femme (M. B.), j'ai pu les aimer tous deux
aussi purement que j'aime Dieu, et par conséquent
les aimer en présence de Dieu, et il n'y a que de
cette manière-là que l'on doive s'aimer, si l'on veut
que les amitiés soient durables. » Tout est mystérieux dans la vie et dans la mort de cet homme
extraordinaire. Il prédit la minute de sa mort,
quoique en parfaite santé au moment de sa prophétie ; sûr de ce qui devait arriver, il alla déjeuner chez un de ses amis, ancien sénateur, causa
jusqu'au dessert ; puis il se leva pour se reposer
dans une autre pièce ; là, il s'assit dans un fauteuil, regarda le ciel et mourut. C'était le 13 octobre 1803.

Si nous n'avons pas cité les marquis de Poyanne
et de Raye, l'un et l'autre possesseurs de Petit-
Bourg avant madame la duchesse de Bourbon, ce
n'est point par oubli, mais bien à cause de la stéri-
lité des recherches que nous avons faites. Nous
avons découvert seulement que le marquis de Raye
réunit à la seigneurie le domaine de Neufbourg.

La révolution ayant dépouillé la duchesse de
Bourbon de ses propriétés, le château de Petit-

Bourg fut acquis à la nation, terrible châtelaine. Il est juste cependant de constater que la république ne mit, contre son usage, aucune filature de coton dans les salons à chicorée et à coquilles d'or.

Un acquéreur se présenta dans ces temps orageux, et sauva Petit-Bourg d'un abandon qui, en se prolongeant, eût été aussi funeste qu'une dégradation violente. M. Perrin, fermier des jeux, acheta le château à la nation. Sans porter une curiosité indiscrète dans ce dernier contrat de vente, il faut croire aux bons souvenirs que M. Perrin a laissés dans la commune. C'est à ce propriétaire que M. Aguado acheta Petit-Bourg en 1827.

En 1814, Petit-Bourg fut occupé par le prince de Schwartzenberg, commandant en chef des armées alliées, réunies contre la France. Il y établit son quartier-général; de cette position, il observait les mouvemens de Paris et de Fontainebleau, où se faisaient et se défaisaient les grands événemens historiques du moment; on avait logé dans les propriétés voisines les principaux officiers autrichiens, bavarois et prussiens. Les soldats s'étaient établis dans les bourgs et villages des environs, et en si grand nombre, que beaucoup de familles avaient été forcées d'en recevoir jusqu'à vingt; impôt écrasant, inévitable, odieux; mais c'était la guerre. Quelque sévère que fût la discipline en vigueur parmi les troupes coalisées, il se commettait chaque jour, chaque heure, des actes de violence. Un jour, un champ était dévasté par le pas des chevaux; un autre jour, des arbres étaient coupés dans un parc, afin d'avoir du bois en quantité suffisante pour faire cuire ces énormes morceaux de bœuf encore présens à la mémoire de la génération envahie. Et que de légumes volés! que de fruits emportés avant la maturité, luxe dont se moquaient les cosaques! que de petits pillages autour d'une ferme! œufs, poules, poulets; rien n'est filou comme un vainqueur. Tout est égal d'ailleurs; un royaume conquis, c'est un gros œuf volé; une poule volée, c'est un petit royaume conquis. La campagne de France fut mortelle à nos propriétés rurales; tantôt livrées sans défense à la rage affamée des alliés, tantôt occupées par les Français reprenant l'avantage ou battant en retraite. Telle ferme de la Champagne a été deux fois en un jour prise par les Français et par les Prussiens.

Il vint un moment, pendant l'occupation étrangère, où les habitans n'osaient plus se plaindre aux chefs, tant la législation militaire était terrible contre le soldat délinquant : le fouet jusqu'au sang, jusqu'aux os, pour un léger vol; la mort pour une faute plus grave. Par humanité, on aimait mieux endurer la perte d'un mouton ou de quelques livres de fruits que de faire passer par les armes le malheureux maraudeur.

Cependant un vol fut commis si audacieusement, que la victime ne put empêcher sa colère d'éclater : c'était un fermier des environs de Soisy-sous-Étioles. Obligé d'aller passer avec sa famille trois ou quatre jours à Villeneuve-Saint-Georges, il confia sa ferme à quelques-unes de ces femmes de la campagne dont l'emploi est d'aller vendre au marché deux fois par semaine le beurre et le fromage.

Instruits du voyage du fermier, des soldats allemands s'introduisirent la nuit dans son cellier; ils lui emportèrent le premier jour tout son vin en bouteilles, et, le second jour, les quatre ou cinq cents bouteilles de vins fins réservées pour les solennités patronales. Le déménagement se fit en silence et comme une reconnaissance de nuit. J'ignore si les œufs et les poules n'eurent pas un peu à souffrir de l'invasion; la grande affaire n'a pas laissé de place au retentissement des coups de main.

Quand le fermier rentra chez lui, de quel douloureux spectacle ne fut-il pas frappé? D'un saut, mais d'un saut de loup, car la colère est une bête fauve, il franchit les terrains qui le séparaient de la Seine, traversa la rivière, et se rendit au quar-

tier-général du prince de Schwartzenberg, à Petit-
Bourg; car il ne doutait pas que les voleurs ne
fissent partie des régimens campés dans les différentes communes du canton. Les preuves abondaient, clous de souliers, pompons, boutons d'habit, mille et une pièces de conviction. Un Allemand
est trop naïf pour ne pas oublier derrière lui autant de preuves qu'en exige une sentence.

Le prince, avec son affabilité ordinaire, donna
audience au fermier. La plainte écoutée, il lui demanda s'il savait à quelle peine seraient infailli-
blement condamnés les soldats allemands contre
lesquels il demandait justice. « Je le sais, répondit
le fermier; mais ils l'ont mérité. — Réfléchissez
bien, ajouta le prince, et revenez me voir demain;
si vous persistez, il y aura jugement et condamna-
tion à mort, cela va sans dire.

— Ma résolution est toute prise, pensa le fermier en se retirant. Je ne vois pas pourquoi ces
pillards seraient épargnés; ce n'est pas ma faute
si leurs lois les condamnent à mort; je me serais
contenté de la prison.

— Eh bien! dit le prince de Schwartzenberg
en recevant le lendemain le fermier de Soisy-sous-
Étioles; qu'avez-vous décidé?

— Que je ne renoncerai pas à les poursuivre devant le conseil de guerre, répondit celui-ci.

— Auriez-vous été soldat, par hasard? lui demanda encore le prince.

— Nous avons tous été soldats, à mon âge, dans le pays.

Le prince s'arrêta pour penser.

— Les trois soldats allemands qui ont volé votre vin, reprit-il, me seront livrés ce soir; on les connaît. Je vous prie de venir encore demain ici avant l'heure où le conseil s'assemblera pour les juger. Soyez au château à dix heures du matin.

Le fermier fut exact; rien jusque alors n'avait ébranlé sa détermination d'être vengé. Ancien soldat, comme il l'avait dit, il avait dans le cœur la colère bruyante du paysan pillé et la colère silencieuse du soldat vaincu. La raison et la pitié étaient fort à l'étroit entre ces deux passions.

— Voilà les trois soldats dont vous avez à vous plaindre; ce sont trois frères, Saxons tous les trois, dit le prince au fermier.

— Je ne m'attendais pas à voir trois frères dans mes pillards, se dit le fermier; c'est dur de les faire fusiller; mais c'est leur faute.

— Avant de les envoyer devant leurs juges, il m'a plu, dit le prince, de vous réunir vous et eux à ma table. Messieurs, nous allons déjeuner tous les quatre. Asseyons-nous.

Quand les trois autres invités, assez embarrassés

d'abord de leur position respective, eurent bu les deux ou trois coups de vin vieux que leur avaient versés les domestiques, ils commencèrent à s'habituer à leur propre présence.

— Où avez-vous fait la guerre? dit ensuite le prince au fermier.

— En Italie et en Allemagne, mon prince.

Comprenant parfaitement le français, les trois Saxons écoutaient de toutes leurs oreilles.

— Étiez-vous à la prise de telle ville? lui demanda le prince.

— Sans doute.

— Et de telle autre?

— Oui, prince, et c'était chaud; nous débusquâmes l'ennemi de derrière une ferme, nous incendiâmes la ferme; puis tout fut à nous.

— A votre santé, dit le prince en versant un verre de bordeaux au fermier; continuez.

Les trois Saxons écoutaient toujours.

— Dame! nous fîmes ensuite comme en pays conquis; nous mangeâmes, nous bûmes, nous nous logeâmes chez le bourgeois. J'étais logé chez un prêtre, moi. Pendant deux mois, je puis dire que les poulets ne quittaient pas la broche.

— A votre santé, monsieur le fermier. — Le prince versa de nouveau.

— Son vin était fameux, si ses poules étaient grasses. Je bus jusqu'au dernier flacon.

— Il vous avait sans doute prié de l'en débarrasser.

— Ah! que non, le vieil avare! Mais j'aurais voulu voir qu'il m'eût empêché de saigner sa cave!

— Et s'il n'eût pas consenti à vous en livrer les clefs?

— J'aurais enfoncé la porte.

— A votre santé, monsieur le fermier. Ah! vous eussiez enfoncé la porte; et le conseil de guerre?...

— Bah! bah! le conseil de guerre en pays conquis! Eh bien! oui : j'eusse été peut-être condamné à être mis à la queue du régiment.

— Une plume et du papier, dit le prince à ses domestiques.

« Moi, fermier à Soisy-sous-Étioles, écrivit le prince, ancien soldat, ayant fait la guerre en Allemagne, où j'ai quelquefois bu, sans leur permission, le vin des personnes chez lesquelles j'étais logé, et n'ayant jamais été puni pour cela, consens à ce que les trois soldats saxons qui ont pillé mon cellier soient, pour cette faute, condamnés à mort sur-le-champ. »

— Signez donc, monsieur le fermier.

Le fermier prit son chapeau et son bâton pour gagner la porte.

— Je ne veux pas que vous partiez ainsi, dit le prince en riant : estimez votre perte, et nous réglerons ensuite tous les deux. Faites comme si je vous avais acheté votre vin.

— Sortez ! dit-il ensuite aux trois Saxons. Je vous condamne à boire de l'eau pendant trois mois.

C'est aussi au château de Petit-Bourg que se conclurent plusieurs actes de haute politique dont le souvenir ne se perdra jamais. Là, le général en chef des troupes coalisées contre la France, le prince de Schwartzenberg, traita avec le duc de Vicence et le prince de la Moskowa des deux abdications de Napoléon. On n'apprendra à personne que la première de ces deux abdications fut rejetée par le gouvernement provisoire, à cause de l'article additionnel où l'empereur disait ne résigner le pouvoir qu'en le déléguant à son fils, et que la seconde fut enfin acceptée en ces termes par Napoléon : « Les puissances alliées ayant proclamé que l'empereur Napoléon était le seul obstacle au rétablissement de la paix en Europe, l'empereur Napoléon, fidèle à son serment, déclare qu'il renonce, pour lui et ses héritiers, aux trônes de France et d'Italie, et qu'il n'est aucun sacrifice personnel, même celui de la vie, qu'il ne soit prêt à faire à l'intérêt de la France. » On sait qu'avant même ce moment de déchéance difficile, impossible à éluder, quoi qu'on en ait dit, Napoléon avait vu s'éloigner de lui la plupart de ses plus pompeux compagnons d'armes. Le soleil impérial s'éteignait; il s'était éteint. De Fontainebleau à **Paris**, la longue chaussée était couverte d'équipages fugitifs, qui se hâtaient de gagner au galop les riches hôtels du Roule et de la Chaussée-d'Antin. La victoire brûlait de rentrer dans ses meubles, d'accrocher le glaive sous les couronnes, de jouir du repos enfin. On a beaucoup trop blâmé la conduite des généraux de l'empereur, à cette époque de démembrement définitif. Leur rôle était fini comme celui de Napoléon; seulement Napoléon ne voulut pas comprendre cette poignante vérité, lui qui, à la rigueur, ne disputait avec tant d'acharnement le terrain incendié devant et derrière lui que pour reprendre ce qu'il avait conquis; position exactement semblable à celle de ses capitaines. Sans être vieux, ils avaient vieilli; ils étaient blessés; tous étaient mariés; beaucoup d'entre eux avaient des enfans à élever. Après tout, l'heure était venue pour eux, comme elle vient pour les hommes d'obscure condition, de jouir des fruits de la peine prise dans la jeunesse. On a dit que, Napoléon les ayant créés ducs, princes, maréchaux, ils ne voulaient plus du jeu de la guerre. Le motif nous paraît plus que suffisant. N'est-il pas parfaitement fondé en raison? Pourquoi objecter que c'était peu patriotique? Est-ce que Napoléon était rigoureusement encore la patrie en 1814?

Cet événement historique de l'abdication de Napoléon, convenue au château de Petit-Bourg, se relie à un autre fait sur lequel la génération prochaine aura peut-être à revenir et à se prononcer. Nous voulons parler de la défection du sixième corps, commandé par le duc de Raguse. C'est de Petit-Bourg à la rue Saint-Florentin que la mémorable dépêche fut transmise par le prince de Schwartzenberg. On connaît le résultat foudroyant qu'elle eut au milieu du conseil des princes coalisés, qui avaient hésité jusque là s'ils accepteraient ou repousseraient l'abdication de Napoléon en faveur de son fils. L'opinion monarchique, par l'organe d'un de ses bons écrivains, M. F.-P. Lubis, présente à vingt-cinq ans de distance ce grand événement de la défection du duc de Raguse, dans les termes que nous lui empruntons, *Histoire de la Restauration*, pages 214 et 215, 1er volume : « Le roi de Prusse se prononça contre la régence. L'empereur de Russie hésitait toujours. Il n'y eut qu'une voix pour renverser Napoléon. L'avis fut même ouvert de marcher sur Fontainebleau, de lui livrer une dernière bataille, et de faire les plus grands efforts pour s'emparer de sa personne. Le désir d'éviter une nouvelle effusion de sang empêcha de prendre ce parti. Le conseil se sépara, au surplus, sans rien conclure, Alexandre ayant remis au lendemain pour se décider.

» Peu d'instants après, cependant, les commissaires de Napoléon trouvèrent le czar dans des dispositions bien différentes de celles dont ils avaient conçu un si favorable augure. La conférence languissait sans qu'il eût fait connaître sa décision, lorsqu'un aide de camp vint lui remettre une dépêche, en ajoutant quelques mots en langue russe, qui furent compris du duc de Vicence. « Mauvaise nouvelle ! » dit celui-ci d'une voix concentrée aux maréchaux, étonnés de sa soudaine pâleur.

« Messieurs, reprit Alexandre après avoir lu, » je résistais avec peine à vos instances, voulant » donner une marque de mon estime particulière » à l'armée française, que vous représentiez. Mais » cette armée, dont vous faites valoir le vœu una- » nime, se met en opposition avec vous. Sa volonté, » en effet, la connaissez-vous bien? Savez-vous ce » qui se passe au camp? Savez-vous que le corps » de M. le duc de Raguse s'est rangé tout entier » de notre côté? »

» Les plénipotentiaires s'écrièrent que cela était

impossible. « Lisez, » repartit Alexandre en mettant sous leurs yeux la dépêche signée de la main
du prince de Schwartzenberg. Ils regardèrent d'un
air interdit le duc de Raguse : le maréchal était au
désespoir.

» Ainsi fut perdue la cause de la régence. »

Sans regretter les jours à jamais éteints de puissance seigneuriale, plus chers à l'imagination qu'au
cœur de la génération vivante, il faut leur rendre
la part de justice qu'ils méritent. Remplacera-t-on
au sein de la population des campagnes, condam-
née à être long-temps encore nécessiteuse, malgré
tous les essais de la politique, l'ascendant généreux des riches familles titrées? Je sais que leur
générosité n'était pas gratuite, et qu'il n'était pas
toujours difficile aux seigneurs d'être magnifiques
une fois l'an, quand ils grossissaient leurs revenus
d'une foule d'impôts vexatoires. Mais l'état n'est-
il pas aussi de nos jours un seigneur exigeant? Et
n'est-ce pas la dîme, n'est-ce pas la corvée sous
d'autres noms moins flétrissans, que l'octroi, les
portes et fenêtres, le personnel, la garde nationale
et la conscription? On dit qu'au bon plaisir du
maître a succédé l'égalité devant la loi. Il y aurait
beaucoup à écrire sur cette égalité et cette loi.
Enfin, serait-il vrai, et je pourrais l'admettre, que
la commune eût détrôné avec avantage pour les

masses l'antique féodalité, la commune n'en de-
meurerait pas moins un être froidement de raison,
opérant le bien sans chaleur, sans enthousiasme,
et surtout sans amour. La commune a-t-elle une
figure, une voix? Qui la connaît? Qui l'aime?
Soyez réduit à la misère, la commune est une
maison lugubre où l'on vous donne un morceau
de carton que vous échangez contre un pain;
soyez malade, la commune, sous les traits d'une
autre maison, vous jette une carte qui vaut un lit
de fer dans un hôpital; mourez sans laisser cent
sous pour le fossoyeur, la commune délivre à votre
frère ou à votre ami un autre morceau de carton
avec lequel il a la faveur de vous couvrir d'un peu
de terre sans frais. Ceci est à peu près toute la
commune. Il n'y a rien à reprendre à son humanité; mais qu'elle est triste et glacée! Qu'est-ce
qu'une générosité inaccessible à la reconnaissance?
N'aimez-vous pas mieux, dans un autre ordre
d'organisation sociale, ce seigneur matinal qui
frappe à chaque chaumière, se fait ouvrir, entre,
invite chacun à lui dire son désir ou sa plainte?
Si ce n'est lui, sa femme ou sa fille parcourent le
bourg au milieu de la nuit, pendant l'hiver, et
voient à travers les fentes de la porte le lit sans
couverture, ou le foyer sans feu. Pourquoi avoir
constamment oublié l'immense contre-poids que

faisaient les femmes à la dureté, à la violence, au despotisme de quelques seigneurs ? Et la considération est grave à peser. Quand chaque village avait pour patronne terrestre une femme attentive et humaine, il restait peu de place en France pour l'absolue misère. Eh bien ! voilà les visages adorés, les mains connues et cherchées dans l'ombre, voilà la reconnaissance dont nous parlions. Baisez donc la main à la commune : grande cause de pitié et d'amélioration retranchée du trésor moral de la nation. Entre le bien qui émane de la commune et celui que faisaient autrefois les habitans des châteaux, il y a à observer la même différence qu'entre l'œuvre produite par une mécanique et l'œuvre conçue, exécutée par la main de l'homme. La première est exacte, nette, irréprochable; mais elle est sans vie; la seconde ne vient pas toujours à point, elle pèche par de grands défauts, des oublis et des incertitudes, mais le sang et la pensée y ont mis du leur. La commune est l'imprimerie du bienfait, et la libre indépendance - de bien faire qu'elle a remplacée en était l'autographe.

Si le propriétaire actuel de Petit-Bourg n'a heureusement à revendiquer aucun des priviléges de ses prédécesseurs, et il est trop de son siècle pour s'en plaindre, il n'a pas renoncé, lui, plus riche que la plupart des premiers possesseurs de son château, au-droit de se faire aimer, non pas de ses vassaux, mais de ses voisins de Ris, de Soisy, d'Évry, et des villages environnans. On laissera dans la chasteté du silence et de l'ombre ce qu'il y a mis; il n'est pas d'éloges, si mérités qu'ils soient, qui fassent pardonner de les avoir écrits, quand nul n'en réclamait la publicité. Les belles actions sont aussi de la vie privée; et la presse n'est déjà plus une confidente assez digne pour lui permettre d'en entendre le récit.

Nous ne rapporterons d'une foule de traits honorables gravés dans le cœur des habitans des communes placées sous le regard du château de Petit-Bourg, que celui-ci, qui ne doit pas être perdu pour l'histoire du temps.

A l'époque fatale où le choléra fit pleuvoir son venin sur Paris et les départemens voisins, la terreur s'étendit partout. Les riches battirent en retraite; c'était à qui irait le plus vite en sens inverse, des nuages chargés de peste et des équipages fuyant Paris. Les riantes résidences arrosées par la Seine et la Marne se vidèrent; la peur fit oublier le printemps, qui venait chargé de plumes d'oiseaux, de feuilles d'arbres et de petites fleurs. Chaque convoi funèbre se croisait avec vingt voitures haletantes. De tous ces châteaux d'où la mollesse et l'oisiveté s'étaient envolées, il n'en resta qu'un seul habité ; le château de Petit-Bourg. Ce n'étaient pas les moyens de fuir qui manquaient au propriétaire ; mais partir ! fermer brutalement sa porte à tant de visages attristés ! Il attendit. Le mal pourtant grandissait de jour en jour, d'heure en heure ; M. Aguado attendit encore ; il resta seul exposé à toutes les chances du mal, qui allait être sans pitié pour les communes voisines du château. Enfin, quand on l'eut persuadé que sa présence ne retarderait pas d'une minute les progrès du fléau, il se décida à rejoindre sa famille. Mais avant de quitter Petit-Bourg, il se rendit dans chaque village déjà largement décimé, franchit le seuil de chaque maison, et il donna à chaque habitant malheureux tous les objets réclamés par un bien-être sans lequel la mort ne pardonnait à personne : de la flanelle, des couvertures chaudes, et les meilleurs moyens curatifs indiqués par la médecine, sans oublier le moyen qui les comprend tous. Puis il établit une pharmacie au château, y laissant deux médecins uniquement destinés à soigner les malades du canton. De tels actes honorent un nom ; et fût-il déjà chargé d'une couronne de marquis, il s'élèverait plus haut encore.

Aucun village n'a de fête aussi joyeusement colorée que celle de Petit-Bourg ; il en a même deux, l'une en l'honneur du saint de la localité, l'autre en l'honneur de la patronne de madame Aguado. Toutes deux font époque dans le souvenir des invités habituels, qui sont traités ce jour-là aux frais de la maison. Des contentemens sont ménagés à tous les âges. Aux jeunes filles, une main gracieuse distribue des mouchoirs aux vives couleurs, des bonnets de dentelles, des croix d'or, et même des montres. Aux jeunes gens, le sort ou l'adresse réserve des fusils ou des couteaux de chasse. Indispensable auxiliaire, le vin ne cesse pas de couler sous les tentes dressées au milieu du parc, tandis que la danse confond toutes les joies, dans une seule et même joie. Le château est ouvert à tout le monde, et des tables chargées de gâteaux arrêtent de loin en loin avec bonheur une circulation intarissable. Si l'inégalité des fortunes n'avait pas ses abus cruels, c'est dans de pareils momens qu'on serait tenté d'y faire grâce, et de se dire tout bas, bien bas, avec la liberté d'esprit la plus absolue, qu'il est peut-être plus de véritable bonheur possible dans un assemblage de conditions haut et bas placées, mais s'aimant toutes en sœurs, de la nécessité de ne pas rompre une harmonie peut-être providentielle, que dans la violente situation d'une société toujours préoccupée de garder le niveau. Si l'égalité et le bonheur étaient deux choses distinctes? Si l'une ne renfermait pas l'autre? Avant un siècle la question sera éclaircie, et c'est la France encore qui la résoudra. Mais que le syllogisme lui coûtera horriblement cher à établir !

Il nous reste à dire l'intérieur du château tel qu'il est aujourd'hui. Dans la première pièce, qui est, je crois, une salle à manger, on voit deux tableaux de sainteté d'Annibal Carrache et de Herrera el Viejo (l'ancien). Nous ne tomberons pas dans le singulier oubli de louer pompeusement deux peintres dont personne ne voudrait mettre en question le mérite. Nous nous bornerons à dire que ces deux tableaux, ainsi qu'un autre de Juan del Castillo, représentant une belle Vierge, sont parfaitement conservés. Leur éclat n'empêche pas d'apercevoir de charmans paysages de Demarne et de Dubucourt, et de s'arrêter long-temps devant de petits poissons peints par Velasquez. Ils frétillent encore ; on a peur de les voir tomber de la toile. C'est d'un goût délicat d'avoir égayé et adouci les reflets splendides des grandes peintures de cette salle par les spirituels éclairs d'une série de petits tableaux flamands signés de Corn-Hagen, Winans, de Van Kessel ; je n'oublie pas de gracieuses fleurs d'Arellano. Il n'y a pas de jouissance plus intelligente et plus complète que d'avoir sous les yeux tant de peintures si achevées, et, par les croisées ouvertes, une campagne inondée des flammes ardentes et douces du mois de mai : ce que Dieu et les hommes ont créé de beau et de bon. Que Dieu est un grand peintre flamand !

A la gauche de cette première salle, où sont les portraits de madame Aguado et de M. Aguado, peints par M. Lacoma, artiste sans doute aimé de la maison, car son nom revient souvent, et ceux des principaux ancêtres du marquis de Las Marismas, s'ouvre, sur le même prolongement, le grand salon enrichi des peintures de Lucas Jordano, de Domenico Brandi, de Pietro de Cortona et del Bassano. Il faut se croiser les bras et admirer en présence de l'œuvre de ces demi-dieux. Rien n'est beau comme cela, si ce n'est ce ciel, ce soleil, cet océan d'herbes et ce fleuve qu'on voit en se retournant. Quels peintres, ceux qui soutiennent la comparaison avec le printemps !

Cristobal Lopez est aussi un artiste délicieux. Quels charmans tableaux, ceux qu'on voit de lui à Petit-Bourg ! Que ses vierges et ses anges sont aimables ! C'est la coquetterie fantasque de Decamps, sa couleur, avec plus de franchise et de perfection. C'est Decamps avec six pas d'avantage sur lui. Lopez est beau à toutes les distances, comme les pierres fines.

La troisième pièce est le salon d'étude ; ainsi que les précédentes, son unique ameublement se compose de tableaux de maîtres de l'école espagnole et flamande. C'est *un Ermite* de Meneses Osorio, c'est *une Communion de la Vierge* par Théodore Aderman. Il faut hâter le pas, cependant, car le temps manquerait même pour saluer, ne fût-ce que d'un regard furtif, les autres créations semées dans d'autres salles. A l'opulente oisiveté du maître, il est permis seulement de savourer les paisibles émotions que donnent un *Christ au poteau,* par Alonzo Cano, cet homme de génie à peine connu en France, et un autre *Christ sur la croix* du triste et monacal Zurbaran. Lui seul, le sévère Zurbaran, a cette couleur affligée et touchante : il est le Job de la peinture. Ce Christ n'est pas un de ses moins beaux ouvrages. Ne refusez pas une halte attentive à un *Samson* de Vander Kabel.

Il est facile de s'apercevoir que les noms affectés aux diverses distributions du château n'ont qu'une valeur fort conventionnelle ; chacune d'elles est un cabinet de tableaux, et rien de plus. On a déjà vu que la salle à manger, le grand salon et le salon d'étude sont des travées d'une galerie de peintures ; on n'y remarque pas plus de meubles qu'au Louvre et au Luxembourg. Dans la salle de billard, qui est la quatrième, nous n'avons pas vu de billard, mais une délicieuse *Vue de Venise,* par Canaletti ; et qui peindrait Venise si ce n'est Canaletti ? Un Primatice d'une couleur virginale, deux Velazquez, un *Martyr* de Zurbaran, et une *Petite vache* de Vander Burg. Le Musée espagnol du Louvre a peu de tableaux de sainteté signés du nom de Zurbaran aussi remarquables que celui de Petit-Bourg. Nous ne nous exposons guère qu'aux reproches des faiseurs d'inventaires, en omettant de petites peintures françaises semées comme des coquelicots importuns à travers ces belles moissons. Elles sont là, à l'exception de quelques-unes, cependant, comme une protestation polie du propriétaire ; pure courtoisie castillane.

S'il est dans tout le château une pièce qui réponde à sa destination nominale, c'est la dernière de l'aile gauche ; une petite bibliothèque, bourrée de livres espagnols et français. Nous avons été heureux d'y rencontrer Lopez de Vega et Calderon à côté de Corneille. Une place d'honneur est réservée au grand ouvrage de l'Égypte, ce beau livre, exclusivement destiné, par son prix, à ceux qui n'ont pas le temps de lire.

On ne doit pas s'attendre à voir plus de meubles dans l'aile droite où nous entrons, que dans l'aile gauche, dont nous avons épuisé les distributions peu nombreuses. Elle s'ouvre par une salle à manger, où rien ne rappelle l'acte qu'on est censé y accomplir ; point de buffets, point de tables, mais une

incroyable bataille de Salvator Rosa, un Rose de
Tivoli, les Quatre Saisons par Lesueur, de beaux
chiens de Sneyders, une Naissance et un Baptême
de Cristobal Lopez, une Vue de Venise de Guardi,
un charmant Intérieur de Hemskerk, et une col-
lection de petits tableaux flamands de Van Kessel,
de Ferg et de Snaver. Quelle fougue, quelle rage,
et quelle couleur dans le Salvator Rosa ! J'ignore
si l'on s'est jamais battu de cette manière-là dans
aucun temps, mais qu'importe? Que n'avons-nous
beaucoup de mensonges semblables ! Encore un
regard d'adoration pour Cristobal Lopez, et passons dans le cabinet suivant. C'est la chambre à
coucher de M. Aguado. Puisqu'on la désigne ainsi,
et qu'on y a mis un lit, il faut croire que le domestique qui nous renseigne ne s'est pas trompé. Voici
les meubles spéciaux de cette chambre à coucher,
qui n'a pas dû coûter grands frais d'imagination
au tapissier. Un petit Berger d'Albert Kuyp, un de
ces petits bergers comme il n'en existe pas; enfant
de roi et de reine, ayant pour vis-à-vis une bergère de son rang; un Anachorète d'Alexandre Al-
bini, un Christ de Moya, un Amour fouetté de
Luca Jordano, une Vénus de Pomponio di Vito,
un Antoine Moro, un Carlo Maratto, et un Wou-
vermans comme il y en a peu au Louvre. Ce serait
un crime d'oublier un Annibal Carrache, et un beau

Vander Does, et une impolitesse de ne pas mentionner deux Lancret, qui vengent à Petit-Bourg notre peinture française, si malencontreusement fourvoyée là. Que ces deux Lancret sont gracieux et fins! quel berger fleuri et quelle bergère coquette! Le berger semble sortir d'un bain parfumé et la bergère aller à l'Opéra. Je donnerais bien des écoles françaises pour cette bergère et ce berger, excepté l'école de Watteau, une des premières du monde.

J'ai dit la chambre à coucher de M. Aguado, sans omettre un seul meuble; l'omission eût été difficile, j'ai aussi dit pourquoi. N'oublierais-je pas une petite pendule de quarante francs? On n'a jamais poussé plus loin le mépris pour les meubles, si ce n'est dans la chambre voisine, celle de madame Aguado. J'aime ce dédain poussé jusqu'à l'héroïsme : deux ou trois cent mille francs de tableaux, et pas quinze cents francs de papier peint et de bois doré. J'appelle cela du goût, de l'esprit, du bon sens, quand je songe qu'un secrétaire ou une glace eût pris la place d'un Carrache ou d'un Zurbaran sur la surface de ces murs d'un très-faible développement. La glace de la chambre à coucher de madame Aguado est en bois peint en gris. On pardonnera aisément ce défaut de luxe. Ce Sultan à qui l'on présente une Esclave pour la nuit est d'Eugène Delacroix, cette Vision de la Vierge est de Cristobal Lopez; ceci est un Carrache, cette Adoration est de Stella, et cette Religieuse d'Offemback. Vous ne vous souvenez déjà plus, je pense, de la glace peinte en gris : serait-elle en or massif et en diamant, vous en souviendriez-vous davantage ? Le boudoir attenant n'est pas plus un boudoir que la chambre à coucher n'est une chambre à coucher. C'est la dernière travée où vous attendent des fleurs d'Arellano et de Prevost, un beau paysage de Van-Berg, un Tiepolo, un Guérin et un charmant Offemback. Là finit l'aile droite. L'une et l'autre, comme on le voit, sont moins les deux grandes divisions d'un château que la double galerie d'un riche musée.

Le premier et unique étage du château de Petit-Bourg ne sortant pas de la banalité utile des chambres d'amis, nous en respecterons l'obscurité.

Sauf erreur, nous pensons avoir cité les beautés intérieures de la propriété de M. Aguado; elle ne sera jamais mieux entretenue. Elle est fastueuse, et son faste, quoique d'une date récente, fait honneur à l'intelligence du maître. Sans la bouleverser de fond en comble, il ne lui était guère permis d'en changer le caractère. Il y aurait de l'ingratitude à oublier qu'étranger à notre histoire, il a pris soin de conserver un monument dont les traditions sont sans parenté avec celles de son pays. Là où, sur un signe de sa main puissante, car il est plus riche que beaucoup de souverains, il pouvait faire élever un palais à sa fantaisie, il a mieux aimé laisser subsister un bâtiment dépassé par l'art moderne, insuffisant, incomplet, mais plein à jamais de l'immortelle grandeur de Louis XIV. Si, pour perpétuer le souvenir d'une visite de ce grand roi, qui était le sien, le duc d'Antin abattit une allée d'arbres, M. Aguado, entendant mieux ce qu'on doit à un tel honneur, a conservé le château tout entier.

C'est par la porte qui s'ouvre sur le parc qu'on découvre les indescriptibles richesses d'un paysage déroulé sur tous les points du ciel ; et du perron, auquel s'oppose une terrasse tracée dans le goût de celle de Chantilly et de toutes celles qu'a dessinées Le Nôtre, on parvient sans fatigue aux premiers arceaux du parc. Caprice que ratifiera la postérité, les noms des principales allées de cette élégante forêt sont empruntés aux opéras de Rossini, l'hôte illustre, fréquent et bien-aimé de Petit-Bourg. Voilà l'allée *Guillaume Tell,* l'allée de *Sémiramis,* l'allée de *la Pie voleuse.* Nous avons l'espoir qu'il reste encore beaucoup d'allées à nommer, et que Rossini retournera un jour en France.

— Connais-tu M. Rossini ? ai-je demandé à une

petite fille de huit ans qui longeait le mur du parc en se rendant à l'école de la paroisse. — Oui, monsieur, je connais M. Rossini; c'est un monsieur qui rit toujours.

Quelque profond que soit mon respect pour la Charte et l'article où le sacrifice d'une propriété est prévu dans l'intérêt général, je n'ai pu voir sans colère les déplorables dégâts causés au parc de Petit-Bourg par les ouvriers employés au chemin de fer de Paris à Orléans. Ces honnêtes ingénieurs, qui couperaient en deux leur mère si le tracé l'exigeait, ont arrêté que l'embranchement destiné à desservir Corbeil, Melun et Montereau, traverserait la propriété de M. Aguado. Ils ont déchiré son parc à coups de hache et de bêche; un des plus beaux fragmens et un bassin superbe resteront de l'autre côté du rail. Ce triste ruisseau de fer stérilisera une partie de cet admirable terrain, et cela pour que des nuées de Parisiens aillent dans une heure manger du fromage à la crême en Brie, comme si l'on ne devait pas toujours se croire trop près des Parisiens. Triste progrès! Ah! au temps du duc d'Antin, une société d'hommes d'affaires n'eût pas touché à un seul arbre de son parc! il est vrai qu'au temps du duc d'Antin il n'y avait pas de charte constitutionnelle.

Fondateur d'une école et d'un hôpital à Évry,

M. Aguado a plus fait pour Petit-Bourg que tous les seigneurs ses prédécesseurs. Et ce bien, il l'a fait sans bruit, sans ostentation, avec la pudeur chrétienne du désintéressement.

FIN.

TABLE DES MATIÈRES

CONTENUES DANS LE DEUXIÈME VOLUME.

FIN DE LA TABLE DU DEUXIÈME VOLUME.